ローザ・パークス自伝

「人権運動の母」が歩む勇気と自由への道

ローザ・パークス 著
高橋朋子 訳

潮文庫

公民権運動の母として敬愛されるローザ・パークス

これまでの半生にわたって、
私は愛と友愛について
教えてきました。
平等と愛について教えようと
努力しつづけるほうが、
憎悪や偏見を持つことよりも
いいことをつくづく感じます。
すべての人が平和に、調和し
愛し合い、共に生きる……
これが私たちがめざす目標です。
——ローザ・パークス

1956年2月、バス・ボイコット運動で再び逮捕されるローザ・パークス

1956年12月、バスの人種隔離撤廃の日、
モンゴメリーでバスの前列席にすわるローザ・パークス

1965 年 3 月、セルマからモンゴメリーへの大行進。
前列左から、ローザ・パークス、アバナシー牧師とその夫人、
ラルフ・バンチ大使、キング牧師とその夫人の顔が見える

1992 年 12 月、アメリカ創価大学で日本の女子学生と

わが母、レオナ・マッコーレーと
わが夫、レイモンド・パークスの
思い出に本書を捧げます。

私のよき友、よき旅の友、そしてローザ&レイモンド・パークス自己開発教育センター主任理事であるイレイン・スティールさんの、本書出版への協力に感謝の意を表します。

ローザ・パークスさんへ

あなたが独創的に証言してくれたこと、
それが今日の自由への大いなる歩みの
偉大なる原動力になったのです。

——マーチン・ルーサー・キング

キング牧師がローザ・パークスに献呈した自著
『自由への大いなる歩み』の扉に記した献辞。

日本の皆さんへ

一九九九年刊行改訂版より

私の自伝 *Rosa Parks: My Story* の邦訳改訂版を日本の皆さんに読んでいただけることを大変うれしく思います。本書が国境を越え、私たちの相互理解とよりよい時代と世界をもたらすことに役立ってくれることを望んでいます。

自伝の初版本を読んでくださった読者の皆さんからは次のような声が寄せられてきています。

「私たちと同じ、平和をひたすら望む平凡な女性が、歴史を変えたという事実について学び、勇気と希望を抱きました」

「パークスさんが淡々と書かれたことがよく伝わって参りました。実際には、言語に絶するような闘いの連続だったのでしょう。それにすべて勝利したからこそ淡々と書き表せたのだと思います」

「この本を読んで、ローザ・パークスさんがただ単にバスの中で席を譲らなかっただけではなかったということがよくわかりました。憎しみを乗り越える闘いは大変な勇気がいると思いました」

このように、日本の皆さんが、アメリカ公民権運動の歴史に興味を持ち、私の自伝を熱心に読んでくださることを本当にうれしく思います。

本書出版にあたり、私の親しい友人である高橋朋子博士に翻訳を引き受けていただき、尽力いただけたことを大変幸いに思っております。また、いつも私のかたわらで支えてくれているイレイン・スティールさんの協力に心から謝意を表します。なお、原書執筆の際は、ジム・ハスキンズさんに著作協力いただきました。あらためて感謝の言葉を述べさせていただきます。

一九九九年五月

ローザ・パークス

自分の尊厳を守ること――訳者まえがき

一九九四年刊行初版本より

ローザ・パークスさんは、一九五五年、当時、人種差別の強かったアラバマ州モンゴメリーで、白人乗客にバスの席を譲ることを拒否し逮捕された方です。この「事件」がきっかけとなり、マーチン・ルーサー・キング牧師の指導のもと「バス・ボイコット運動」が展開されました。

今まで、パークスさんの話は、多くの本や教科書のなかで紹介されてきました。ちなみに、パークスさんは、日本をはじめ世界中の教科書に最もよく登場する偉人の一人です。また、アメリカの歴史や黒人問題に関する書籍には、必ずパークスさんのことが紹介されていますが、なかには彼女の人柄が少々異なって投影されているものもあります。また、あの「事件」の描写も、ご本人が語られているストーリーとは少々雰囲気が異なるものがあるようです。

パークスさんの自伝 *Rosa Parks: My Story* by Rosa Parks with Jim Haskins (Dial Books, 1992) は、ご自身の生いたちから始まり、今まで多くの本のなかで語られてきた「バス・ボイコット運動」やその後の公民権運動などについて、ご本人が語り口調で描写しています。こういった意味でも、歴史的に大変貴重な資料といえましょう。

＊

本書について、マーチン・ルーサー・キング牧師の夫人、コレッタ・スコット・キングさんは、次のように書いています。

「ローザ・パークスさんが、一九五五年十二月のあの日の午後、アラバマ州モンゴメリーであのバスに乗ったとき、彼女は革命に火をともしました。やがてこの革命は、アメリカに変革をもたらしました。マーチン・ルーサー・キングが言っていたように、あの歴史的な日に彼女が人種差別に迎合するのを拒んだのは、自分自身の尊厳の念と自尊心が原動力になっていたのです。そして、過ぎ去った日々の侮辱の積み重ねと、生まれ来る世代が待望する大きな目標がその背景にありました。

公民権運動に光を当てるこの種の本は、これまで長い間待ち望まれてきました。この本には、パークス夫人の幼い頃の体験や、彼女の名を歴史に残すにいたった数々の出来事、そして不動の信念が描かれており、深い感動を誘います。アメリカで最も偉大な自由の闘士のひとりが、自身のことばで自らを語った本です」
さらに、三人の方の推賞のことばをご紹介しておきます。

ローザ・パークスは、公民権問題そのものを、バスの後部座席からアメリカの良心の最先端部へと動かしました。ここにつづられているとおり、偉業に満ちた輝ける人生を歩んできた彼女は、まさに生きた宝石です。

——米国下院議員ジョン・コニヤーズ

一九五五年、ローザ・パークスがモンゴメリー市でバスの人種隔離法に服従するのを拒んだのは、ただ足が疲れていたという衝動的な理由からではなかったことが、この自伝を読むとよくわかります。それは、彼女がとるべくしてとった行為だったのです。アフリカ人奴隷を先祖にもち、少女時代にKKK団が家の前を通り過ぎるのを目撃し、六歳で人種差別が黒人に与えた痛手に気づき、そして生涯を公民権運動に捧げてきた人にとっては当然の行動だったのです。世代を問わず誰もが、この偉大なアメリカ人についてより多くを学び、大きな喜びを感じることでしょう。

——公民権運動指導者ジュリアン・ボンド

これは、ただの自伝ではありません。ローザ・パークスが、アメリカ史のきわめて重要な時期について、その時代の渦中に生きた者の眼で描いた、バス・ボイコット運動の実話です。人間性と勇気が全ページに満ちあふれています。これは、黒人と白人を問わず万人必読の書です。

――作家チャールズ・ジョンソン

現在（一九九四年）、ローザ・パークスさんは、「ローザ&レイモンド・パークス自己開発教育センター」創立者および理事長として、青少年教育に従事していらっしゃいます。同センターの目的の一つは、公民権運動の歴史、特に一九五五年十二月五日から五六年十二月二十一日までの三百八十一日間にわたる「バス・ボイコット運動」の歴史を正しく後世に伝えることです。この自伝の出版は、多くの人たちから強い要望があったからのみならず、パークスさんご自身の青少年教育への熱意の賜物といえましょう。

*

私がローザ・パークスさんのお顔を初めて拝見したのは、一九八〇年代初期のある日――キング牧師の誕生日（一月十五日）を記念するテレビ番組を、コロンビア大学の寮の一室で見ていた時のことでした。パークスさんについては、教科書や偉人伝で読んだことがありましたが、実際に「公民権運動の母」がお元気で活躍されているお姿を目のあたりにし、感動してテレビの画面に見入ったのを今でもはっきり覚えています。

あれから十数年後、私はパークスさんご自身と知り合う機会を得ました。私が教鞭(きょうべん)をとるアメリカ創価大学（当時、創価大学ロサンゼルス分校）では、一九九二年秋から「人権に関する講演会シリーズ」を開催してきたのですが、同年十二月、その講演者の一人としてパークスさんをお迎えすることができたのです。その時以来、光栄にも、パークスさんに何度もお会いする機会を得、大変親しくしていただくようになりました。

＊

講演のためご来学いただいた際、語学研修中の女子短大生と懇談してくださった時のことが、今でも懐(なつ)かしく思いだされます。

——黒人社会のなかで、あなたが模範とした人は誰ですか。

パークス　最も尊敬する人は、母です。なぜなら母は、強い意志をもって「自分の尊厳」を守ることを教えてくれたからです。また私は、つねに前向きの姿勢で「自由」を愛した黒人を尊敬します。

――人種問題の解決のカギはどこにあるとお考えですか。

パークス　相手をよく知り、お互いの相違を最大に尊重し、そのうえで共通点を見いだしていくことにあると思います。

――若い時に、最も恐れていたこと、また希望を抱いたことは何ですか。

パークス　恐れていたのは、人種差別、人種隔離がいつまでも続くのか、こういう状態が終わる日が本当に来るのか、ということでした。と同時に、もっと良い時代が来るであろうという希望の灯火もつねに絶やしませんでした。

このように、短大生と心と心の交流をされたパークスさんは、「皆さんの清らかな心根に深い感銘を受けました。このような若者とアメリカの青少年が交流する機会があれば、どんなに素晴らしいことでしょう」と感想を述べられていました。

またその翌月、アメリカ創価大学で創立者池田大作先生と会見された際にも、「私の一番の趣味は若者たちと一緒に働くこと、若者の手助けをすることです」と語られたのが印象的でした。

＊

アメリカの「人間国宝」と言われているパークスさんの自伝を、日本語でお送りすることで、日本の青少年にパークスさんの心情を理解してもらえれば無上の喜びです。

原著の英語は、大変素直で、パークスさんの人柄を反映している感じがします。パークスさんをよく知っている人たちが、「まるでミセス・パークスが話しているようだ」と言っているのを耳にしましたが、私もその通りだと思います。パークスさんの人柄を思い浮かべながら、彼女が日本語を話したとしたらこんな感じではないか、と想像しつつ訳すように努めました。

原著では、「黒人」にBlack, Negro, African Americanなどさまざまな言葉が使われていますが、日本語訳では、「アフリカ系アメリカ人」「ニグロ」という馴染(なじ)みのない言い方よりも、一貫して「黒人」を使いました。また、本文中、必要に応じて〔　〕内に訳注をほどこしました。

＊

本書出版に際しては、私の大切な友人であるイレイン・スティールさんに多くの面でご協力をいただきました。厚く御礼申し上げる次第です。

一九九四年三月

高橋朋子

ローザ・パークス自伝　目次

装幀：金田一亜弥
高畠なつみ（金田一デザイン）
写真：AP／アフロ
GRANGER.COM／アフロ
訳者提供

1　事の始まり

一九五五年の十二月に入ったばかりの夕暮れ、私はアラバマ州モンゴメリーの市バスに乗り、「黒人席」の一番前に座っていました。白人の乗客は「白人席」に座っていました。白人の乗客がさらに何人か乗り込んでくると、「白人席」がいっぱいになってしまいました。

そういうことになると、私たち黒人は、白人乗客に席を譲ることになっていました。しかし、私は動きませんでした。白人の運転手が「前の席を空けてくれ」と言いましたが、私は立ち上がりませんでした。私は白人のいいなりになることに疲れていたのです。

「お前を逮捕させるぞ」と運転手が言いました。

「かまいませんよ」と私は答えました。

白人警官が二人やってきました。私はそのうちの一人に「あなたたちは、皆どうして私たちをいじめるのですか」と尋ねました。

その警官は答えました。

「わからないが、規則は規則だ。お前を逮捕する」

バスでの出来事

かつて南部には、黒人が白人から差別され邪険に扱われるような法律や習慣があり、私はその中で半生を過ごしました。

こういった法律や習慣は決してフェアだと思いませんでした。ですから、私は子供の頃から、人への尊厳を欠くような扱いに対して抗議しようとしてきました。しかし、人種隔離と差別を実際に何とかしようとするのは、大変難しいことでした。白人が法律の力を振りかざしていたような時代でしたから……。

私たちは、こういう法律を何とかして変えなければなりませんでした。そのためには白人たちにも味方についてもらい、十分な協力を得る必要がありました。

あの日、私がモンゴメリーのバスで席を譲ることを拒否した時、あの些細(ささい)な行動が南部の人種隔離法に終止符を打つきっかけになろうとは、夢にも思いませんでした。

自分でわかっていたのは、ただ「いじめられることに疲れていた」ということでした。

私は他の誰とも変わらない普通の人間です。かつて白人から普通の人間として扱ってもらったことが何回かありました。ですから、それがどんな感じか知っていましたので、他の白人たちもああいうふうに扱ってくれるようになってもよいのではないか、と思いました。

幼い頃の一番古い思い出の一つに、家族がこんな話をしているのを耳にしたことがあります。それは、ある白人の男性が、驚いたことに、私を黒人の女の子としてではなく、普通の女の子として扱ってくれたことがあったという話です。

第一次世界大戦直後の一九一九年頃のことでした。私は五、六歳だったと思います。アラバマ州パインレベルのわが家の隣にある農園（プランテーション）の持ち主、モーゼズ・ハドソン氏がモンゴメリー市から訪ねてきた時のことでした。ハドソン氏は、北部の兵士である義理の息子と一緒に二人してわが家に寄ってくれたのです。私たち南部の者は当時、北部の人たちを「ヤンキー」と呼んでいたのですが、このヤンキー兵士が私の頭をなで、「なんて可愛（かわい）い娘だろう」と言ったというのです。

その夜、家族はそのヤンキー兵士が私を黒人の女の子としてではなく、普通の女の子として扱ってくれたことを話し合っておりました。当時、南部では、白人は黒人の少女を白人の少女と同じように扱うようなことはしませんでした。ですから、ハドソン老人はこのヤンキー兵士の振る舞いを快く思わなかったようです。私の祖父は「モーゼズ・ハドソンの顔がまるで焼けた石炭のように真っ赤になったのを見たぞ」と、笑いころげていました。

父と母

私は、アラバマ州モンゴメリー郡のモンゴメリー市に近いパインレベルの祖父母の家で育ちました。母方の親戚は、皆パインレベルの出身です。母の名はレオナ・エドワーズ。父はアラバマ州アベビルの出身で、名をジェームズ・マッコーレーといい、大工をやっていました。特にレンガと石の建築に長(た)けており、家を建てる仕事のために国中を旅していました。

父の義理の兄、つまりアディおばさんの夫のドミニク牧師は、パインレベルにあるマウント・シオン・アフリカ・メソジスト派監督(エピスコパル)教会の主任司祭をしていました。父はこのパインレベルで教師をしていた母と知り合い、一九一二年四月十二日に同地で結婚しました。母は、その時二十四歳で、父と同い年でした。

結婚後、両親はアラバマ州タスキーギに移りました。このタスキーギというのは、一八八一年にブッカー・T・ワシントン氏が、黒人学校であるタスキーギ大学を設立したところです。両親はタスキーギ大学からそれほど遠くないところに住んでおりました。黒人も白人も、タスキーギを「望ましい人種関係を築いたモデル都市」と呼んでいました。父がタスキーギに引っ越したのも、そういった理由からだったようです。また、アラバマ州のメイコン郡には、建築の仕事が沢山ありました。母も教員の仕事を見つけることができました。

その後まもなくして、両親は子持ちとなりました。一九一三年二月四日、私はタスキーギで生まれ、母方の祖母の名前にちなみ「ローザ」と名付けられました。私が生まれた頃、母は二十五歳くらいでしたが、「心の準備ができないうちに母親になってしまった」といつも言っていました。

それというのも、父が大工の仕事でいつも郡内を転々としており、母は一人家に取り残されてばかりいたのを辛く思っていたからのようでした。また、私が生まれる頃には教員の仕事も辞めなければならず、出産を控え、あまり知り合いもなく、どんなに辛かったか、よく話していたものでした。当時、妊婦は今のように外出したり社交を楽しんだりということをせず、一人ぼっちで過ごしたものでした。母は子供の面倒など見たことがなかったので、どうしたらうまくやっていけるのか悩み、めそめそ泣きながら過ごしたものだ、と言っていました。

生まれてみると、私は病弱で、年のわりに小柄な子供でした。母にとっては、世話が大変だったようです。その上、父の弟が同居しにやってきましたので、食事や洗濯の世話をする相手がまた一人増えました。

叔父のロバートも大工で、建築の勉強をしにタスキーギ大学に入学したのですが、母が言うには、叔父は建築のことをよく知りすぎていて、反対に講師たちに教えることになってしまったほどだった、とのことでした。講師たちが建築計画を立てる度に、叔父が「私だったらこういう風にやりますけどね」と言うと、講師たちも彼の言う通りにしたものでした。実際やってみると、結局それが正しかったということでした。叔父はタスキーギ大学にあまり長く在学しませんでした。

父と叔父が建てた家の写真がありますが、本当に素晴らしい家です。二人は父親からすべてを学んだのであり、タスキーギでは何も新しいことを学びませんでした。

それでも、タスキーギはアラバマ州の中では黒人が教育を受けるには最高の場所でした。ですから、母はタスキーギにずっといたかったのです。母の望みは、父がタスキーギ大学で職を得ることでした。当時、教員は住む家を持っていましたので、両親も家を持てたかもしれないのです。私と他に生まれてくる子供たちも、タスキーギ大学で教育を受けられたことでしょう。当時、南部では、黒人の子供たちは教育を受ける機会が限られていたのです。しかし、父はこういった母の望みとは裏腹に、請負の大工仕事をしてお金を稼ぐほうを望みました。父と母は、将来の計画について意見が食い違ってしまったのです。

父はタスキーギに留まりたがらず、アベビルに住む自分の家族のもとに帰ることを望みました。母は、父についていくしか他に手立てがありませんでした。

それで、私たち一家は、父方の家族と同居するために、アベビルに引っ越したのですが、その家族は子沢山の大所帯でした。私の祖母は、若い時から子供を産み始め、長い間子供をもうけ続けたからです。

私が生まれた時、父の一番下の弟であるジョージ・ゲインズ・マッコーレーは八歳でした。彼はよく私に嫉妬したものだと言っていました。なぜなら、私が生まれるまでの八年間は、自分が末っ子として扱ってもらえたからです。ですから、私が赤ん坊の頃は、私を好きになれなかったとのこと。しかし、大きくなるにつれ、好きになったと言っていました。

父の家族について私が知っていることは、この若い叔父のジョージから教えてもらいました。父のおじいさんは誰かわかっておらず、人の話によると、南北戦争の時に南部で戦った北部の兵士だったということ。そして、父のおばあさんは、ネイティブ・アメリカン（先住民）か何かの血の混じった奴隷の少女だったということ。わかっているのはそれだけです。

もし母がもっと他に知っていることがあったとしたら、私には何も教えてくれなかったことになります。たぶんそれは、舅（しゅうと）や姑（しゅうとめ）とうまくやっていくべきでありながら、父の家庭とは相性がそれほどよくないと感じていたからだったのでしょう。

母はアベビルで短期間教師をしていたらしいのですが、あまりそこには長くいなかったようです。父が北部に行くことを決めたので、父がいない間一人で父の家族と一緒にいたくないと思ったからです。その頃、母は私の弟を身籠っていました。そこで、母はパインレベルで小さな農場を営む両親と一緒に住むことに決めたのでした。

古い思い出

母方の祖父母は、その頃二人だけで住んでおりました。祖父母が育ててきた姪（めい）も、その頃までには結婚して家を出ておりました。母は、育ちざかりの子供と舅と姑が一緒に住むアベビルの家のことを考え、次に二人だけで住んでいる自分の両親のことを考えたそうです。早速、母は荷物をまとめて両親のもとへ同居しにいきました。

私がよちよち歩きの子供の時に、母は私を連れてパインレベルの両親のもとに戻りました。その後、父も同居しにやってきて、私が二歳半になるまで一家で暮らしたことがありました。父は再び仕事を見つけるためにパインレベルを出て行ったのですが、私が五歳になり、弟が三歳になった頃、やっと帰ってきました。しかし父は数日間いて、また出ていってしまいました。それからは、私が成人し結婚するまで父に会うことはありませんでした。

父と母は、以後よりを戻すことはありませんでした。父は旅に出たがり、母は一カ所に定住することを望んでおりましたので、とにかく一緒にうまくやっていくのは不可能だったのです。

私は、母方の両親について、とてもはっきりした思い出があります。実際、これは私が覚えている中で一番古い思い出なのですが、喉を見てもらうために、祖父が私を医者に連れていってくれたことがありました。私は子供の頃、よく扁桃腺（へんとうせん）が腫れたのですが、あれは、扁桃腺の腫れが慢性化する初期の頃のことでした。私は二歳半そこそこだったと思います。というのは、その時私はまだ一人っ子だったと記憶しているからです。母は一緒に来ませんでした。たぶん、弟が生まれる前で、具合が悪かったからに違いありません。

祖父は私を店に連れていってくれました。当時、医者の診療所というのはありませんでした。祖父が私を店のカウンターに座らせてくれました。その時私は赤いベルベットのコートとボンネットを身に着けていたのを覚えています。お医者さんが口を開けるように言ったので、口を開けました。私は医者の言う通りにしました。幼いのにぐずったりしない様子を見て、周りの人が驚いていました。私が口を開けると、お医者さんが口の中に何かを入れました。たぶん、舌を押さえておくためのスプーンのようなものだったと思います。

祖父は私を家に連れて帰ると、母と祖母に、私がちゃんと言うことを聞いたと話していました。これが自分の人生の中で覚えている最も古い思い出です。私はどんな小さなことでもほめてもらうのが好きでした。その時も、祖父が私をいい子だとほめてくれたことをうれしく思いました。

白人の年季奉公人

祖父母の家に住んでいる間に、私は母の家系についていろいろなことを学びました。私の曾祖父、つまり母の祖父は、名字をパーシバルといいました。スコットランドとアイルランド系の曾祖父は、少年の頃、船でアメリカに連れてこられたのです。白人でしたが、自由の身ではありませんでした。

当時、ヨーロッパでは、貧しい白人は時どき年季奉公人として雇われていたのです。彼らはアメリカに渡る旅費と引き替えに、ある年数の間誰かに仕えるという契約に署名しました。その間、彼らは一切の権利を失い、奴隷としてひどい扱いを受けたのです。

私の曾祖父はサウスカロライナ州チャールストンの港からアメリカに入国しました。その後、アラバマ州に連れてこられました。パインレベルのライトという名前の人たちに年季奉公したのですが、その人たちは、曾祖父が祖国から持ってきた名前だからと、パーシバルという名前を変えさせることはしませんでした。これは黒人の奴隷と白人の年季奉公人との違いでした。黒人の奴隷は普通、自分の名前を保つことが許されず、主人から新しい名前が与えられたものでした。

曾祖父は、白人の祖先を持たないアフリカ系の女性メリージェーン・ノーブルズと結婚しました。彼女は奴隷で、赤ん坊の世話をしたり出産を手伝う産婆をしていました。二人は結婚し、エイブラハム・リンカーン大統領が奴隷解放宣言をする前に、二女一男をもうけました。その後、さらに六人の子供が自由の身で生まれました。

曾祖父母の一番上の娘であるローズ、つまり私の祖母は、南北戦争が北部の勝利に終わった時、五歳でした。

北部の兵士たちがやってくる前に、奴隷所有者は奴隷に穴を掘らせ、皿や銀食器や宝石といった貴重品を穴に埋めさせたという話を祖母がしてくれました。そして、その埋めた穴の土を踏みならすために、奴隷の子供たちをその上に座らせ遊ばせていたということでした。

曾祖父のテーブル

南北戦争終結と同時に、奴隷制が廃止されました。しかし、かつての奴隷の多くは前からいた場所に留まりました。ほかにどこに行ったらいいかわからず、また自分の住み慣れた場所にいたいと思ったからでした。

　私の曾祖父母も、ライト一家の所有地にあった小さな丸太小屋に留まり、ライト一家に仕えつづけました。ですから、以前とそれほど生活が変化したわけではありませんでした。しかし、どこかへ行こうと思えば自由に行くことができることはわかっていました。また、土地を買う権利もありました。曾祖父母がいつ頃どのようにして手に入れたのかはわかりませんが、奴隷解放の後、二人はハドソン農園（プランテーション）の一部だった十二エーカー〔約五ヘクタール〕の土地を入手しました。

　奴隷制が廃止され、奴隷が自由の身になったことを知ると、曾祖父は家族全員が揃（そろ）って食事ができるようにと、テーブルを作りました。私の祖母は子供の中では一番年が上で、当時六歳でした。曾祖父が夜テーブル作りに励んでいる間、よく見えるように、松明（たいまつ）を持っていてあげたということでした。今でも私はそのテーブルを使っています。

　昼間、曾祖父はかつて自分の主人であったライト氏のために家具を作ることを仕事にしていましたので、たぶんこのテーブルを作る時はライトさんの大工道具を使ったのでしょう。または、自分の金づちと錐（きり）を使ったのでしょうか。錐は木に穴を開ける小さな工具ですが、曾祖父は金属のくぎを使う代わりに、木を削って小さなくぎを作ってそれを穴に入れて留めがねにし、テーブルを組み立てました。

奴隷解放後、私の祖母は子供の世話をするために、ライト一家と一緒に住むようになりました。祖母は六歳をちょっと過ぎたくらいの年でしたが、小さな子供の面倒を見るには十分大きかったのです。祖母は畑に出る必要もありませんでしたし、家の中の仕事もそれほどすることがありませんでした。

白人嫌いだった祖父

私の祖父の父親（私の曾祖父）は、ジョン・エドワーズという白人の農園経営者でした。母親（私の曾祖母）は家事と縫い物をする奴隷で、野良(のら)仕事に出ることはありませんでした。私が想像するところによると、曾祖母は黒人と白人のミックスだったようです。というのは、彼女が自分の主人との間にもうけた子供である私の祖父は、大変白人に近かったからです。曾祖母は、祖父がまだ若い頃亡(な)くなり、同じ頃農園主のジョン・エドワーズも亡くなりました。

その後、二人の子供である私の祖父シルベスターは、大変ひどい扱いを受けました。バトルという名の監督が農園(プランテーション)を継いだのですが、彼は私の祖父を目の敵(かたき)にし、見る度に殴ったほどでした。「小さい頃、口にしたのは、台所で働いている者たちがこっそりくれた残り物だけだった」と、祖父がよく言っているのを耳にしたものです。

監督が祖父を殴ったり、餓死させようとしたり、靴も履かせなかったり、あまりにひどい扱いをしたものですから、祖父は白人に対し強烈な嫌悪感を抱くようになりました。そして、この祖父こそが、自分の娘とその子供に「誰からも絶対にひどい扱いを受けることに屈してはいけない」ということを教えた人だったのです。この精神は、私たちにもほぼ遺伝的に受け継がれました。

私が記憶するところ、祖父は大変感情的で激しやすいタイプの人でした。祖母は反対に、大変穏やかな人でした。祖父は肌の色がとても薄く、髪の毛も真っ直ぐで、白人とよく間違えられたものでした。そこで、自分が白人に見えることをうまく利用し、白人にきまりの悪い思いをさせるようなことを、わざと言ったりしたりしたものでした。

例えば、自分を知らない人たちと話をしている時、祖父はよく手を差し出し、握手を求めたものでした。そして、相手に「私の名前はエドワーズです」と自己紹介し、握手するのです。すると、祖父を知っている人たちはこれを見て大変気まずく思い、「彼は白人ではない」と、知らないでいる人たちにささやくのでした。

当時、黒人と握手をする白人は一人もいませんでした。また、黒人が自己紹介する時はラストネームを使わず、ファーストネームを使うことになっていたのです。また、祖父は白人の男性をファーストネームで呼んだり、「ミスター」を付けずにフルネームで呼んだりしていたのも覚えています。白人はこのように呼ばれるのを、あまり気持ちよく思わなかったようです。実のところ、祖父はかなりの危険をおかしていたのです。当時、黒人は白人に対し「ミスター」や「ミス」を付けずに呼んではいけないことになっていたのです。祖父は白人に対し喧嘩（けんか）ごしの態度をとることがよくあり、白人のことを陰で笑うのが好きでした。

祖父は、私と弟が白人の子供と一緒に遊ぶのを嫌がりました。ハドソン農園（プランテーション）の監督には、私と弟くらいの子供がいたのですが、私たちがその子らと遊びたがったり、彼らが私たちと遊ぼうとすると、祖父は大変怒ったものでした。祖父は、私たちがその子供らと一緒にいないようにさせたものでした。白人の子供たちに近づこうとするわけでもなく、馬車の陰に座って遊んでいただけでも、祖父は私たちを怒鳴りつけ、白人の子供たちから離れるように言うのでした。

祖父は、どんなつまらないことでも、できることは何でもしました。特に大きな意味のないことでもよかったのです。それは、祖父が白人への嫌悪の念を表すためのささいな手立てだったのです。祖父の態度がそんな風だったので、白人は祖父に対しては何もしませんでした。

大きな口をきいたり、ほらを吹いたり、祖父がどうやってこういうことをやってのけ、無事でいられたのかわかりません。たぶん、色が白くてまるで白人のようだったからかもしれません。または、祖父のことを皆よく知っていたため、肉体的に痛めつけるようなことはしなかったのかもしれません。

祖父の癇癪(かんしゃく)は、体が不自由だったことも関係していたのかもしれません。祖父は当時リウマチと呼ばれる関節炎にかかっていました。何歳の時に体が不自由になったのか知りませんが、かなり若い時にかかったようです。靴の指先のところに穴を開けなければ靴が履けないほどで、時どき歩くことさえできないことがありました。そんな大変な体で、家族の面倒を見ようとしていたのです。

大学へ行き先生になった母

祖父と祖母は、かなり若くして結婚しましたが、祖父が何よりも望んでいたのは、「自分の子供や血縁者が誰一人として白人のために炊事や掃除をしなくてすむように」ということでした。ですから、そういう仕事をしなくてすむように、子供たちが全員きちっと教育を受けることを望んでいました。

家政婦の仕事というのはかなり給料が低く、そういう仕事をする人たちはあまり尊ばれていませんでした。家政婦たちは、必死で働くだけ働き、教育を受ける機会などなかったのです。祖父が私の母に教育を受けて教師になるように望んだのは、そのためです。教員は人からの信望も厚く、給料もよい仕事でした。黒人の教師は白人の教師ほど給料がもらえませんでしたが、それでも、家政婦よりもずっといい給料をもらうことができました。

祖父母には娘が三人いました。そのうちの一人は、十代で亡くなったのですが、その娘は学校に行くために家を出ることはしませんでした。もう一人の娘ファニーは、祖父がまさに望まない道を選びました。彼女は家を出て、モンゴメリーの街に行き、白人家庭で働いたのです。彼女も学校に行くために家を出たことがありませんでしたので、六学年より上には進級しなかったことになります。なぜなら、パインレベルにある黒人学校には六学年以上がなかったため、ハイスクールに進学するには遠くに行かなければならなかったからです。

母の姉は、母より七歳くらい年上だったのですが、祖父に二人の娘を学校へやるお金がなかったか、母の姉が学校に行きたがらなかったか、どちらかだったのでしょう。当時は、黒人であろうと白人であろうと、南部の女性は小学校より上の学校に進むことはほとんどありませんでした。

かつて母が話してくれたことだったと思いますが、祖父は長女にはぜひ教育を受けてほしいと願っていたようです。しかし、ファニーは、家政婦の仕事で得られる給料が当時かなり少額だったにもかかわらず、すぐにお金を稼ぎたいと思ったようです。思うに、ファニーは独り立ちしたかったのです。実際、彼女は結婚するまで自活していました。そして、彼女は私の母よりも何年も若くして結婚しました。

私の母レオナ・エドワーズは、アラバマ州セルマにあるペイン大学に行き、学士号をとるまで在学はしませんでしたが、教員免許を取得しました。母はパインレベルで教鞭をとっていましたが、その後、父と出会い、結婚したというわけです。

弟のシルベスター

私を連れてパインレベルの両親のもとに戻り、弟のシルベスターが生まれた後、母は再び教職に就きました。パインレベルの黒人学校にはすでに先生がいましたので、母はスプリングヒルの村に行って教えなければなりませんでした。その学校は、毎日歩いて通うと授業の準備をすることができないくらい遠くにありました。そこで母は、平日はスプリングヒルの村のある家庭に下宿することになりました。

私は、祖父の運転する馬車で母が家を出て行った時のことを覚えています。祖父は小さなロバの馬車を愛用しておりました。その時、私はなぜ母が遠くに行ってしまうのかわからず、祖母に「ママは学校の先生になるために、お勉強に行くの？」とたずねました。祖母が「そうじゃないわ。ママはローザが生まれる前から先生をしていたのよ。だから、また学校へ先生をしに行くのよ」と説明してくれました。それで、やっとわかりました。それにしても、母が帰ってきた時は、とてもうれしかったのを覚えています。

私は祖父母と一緒にいるのが好きでした。農場の中にある小川に、よく釣に連れていってくれたものでした。二人はもう年でしたので、釣針に餌を付けるのに、時どき苦労していました。そんな時は、私が餌を付けてあげたものです。たぶん、それで私を釣に連れていきたがったのかもしれません。

ミミズをつかむと、くねくねと動き回るのですが、ミミズの先を片方だけ釣針につければよいことでした。ミミズを叩（たた）いて殺してから釣針に付ける人もいましたが、私はミミズが動いているのを魚が見えるようにする方がいいといつも信じていました。魚は、死んだミミズよりも元気なミミズのほうに先に飛びつく、と確信していたのです。ミミズの他に肉の脂身やザリガニのしっぽを使う人もいました。

弟のシルベスターは、母方の祖父にちなんで名付けられたのですが、彼は私より二歳七カ月年下でした。弟はいつも私のあとを付け回し、私の言うことを何でも真似たり、いたずらばかりしていました。それでも私は、いつも弟をかばっていました。

これは祖母が教えてくれたことで、私は覚えていないのですが、ある日、母が出かけている間に、祖母が弟におしおきをしようとした時のことでした。弟はまだほんの小さい子供だったのですが、祖母は弟を叱り、鞭で打とうとしました。

その時、私はこう言ったそうです。

「おばあちゃん、弟をぶつのはやめて。まだ小さい赤ちゃんなんだから。それに、弟にはパパもママもいないのよ」

祖母は鞭を置き、私のほうを見て、その日は弟のおしおきをやめたということでした。

私は、弟がどんなにいたずらな子だったか、また自分のしたことで叱られるよりも、弟がしたことを言わなかったことで叱られたことのほうが多かったことを覚えています。弟をかばおうとするこの癖は、ずっと抜けませんでした。

2　多感な少女時代

弟をかばう癖のおかげで、私は自分自身を守ることを覚えたのかもしれません。また、公平さに対し鋭い感覚を持っていたこともよく覚えています。そういう態度のせいで、困ったことになってしまったこともよくありました。

十歳くらいの時、ある日、道でフランクリンという名の白人の男の子と出くわしました。彼は私と同じくらいの体格か、ひょっとすると少し大きいくらいだったかもしれません。

私に何か言うと、「ぶつぞ」と脅し、今にも殴りそうな感じでこぶしを固めたのです。私はレンガを拾うと、「殴れるものなら殴ってみなさい」と言いました。彼は考え直して逃げて行きました。

このことはそれ以上考えずにおりました。あの男の子のほうも考えなかったと思います。しかし、ある朝、「フランクリンに会ったわ。私を殴ろうと脅したから、レンガを拾ってぶつけてやろうとしたの」と、祖母にちょっともらしてしまったのです。すると、祖母は「白人は白人であって、私たちは白人に対してそういう口をきいたり、そういうことをしたりしてはいけないということを、しっかり覚えておきなさい」と、私を厳しく叱りつけたのです。

つまり、白人が自分に何かをしたからといって、決して仕返しなどしてはいけないということでした。

私はこのことで、とても気分を害しました。できる限り自分で自分を防御しようとするのは正当なことだと思ったのです。しかし、祖母が言うには、私は興奮しやすいたちだから、気をつけないと、たぶん二十歳前に絞首刑(こうしゅけい)にされてしまうだろうとのことでした。

以後、フランクリンとのいざこざは二度と起こしませんでした。しかし、それは私が怖(お)じけづいていたからではありません。すれ違うことはあったかもしれませんが、特にフランクリンのことを気にかけることがなかったからのように覚えています。

それにしても、祖母の態度には傷つく思いがしました。なぜなら、祖母がフランクリンの味方をしているように感じたからです。つまり、私のことよりも、フランクリンのことをひいきしていると思えたのです。

ずっと後になって、祖母は私のことを心配するあまり叱ったのだということがわかりました。私がフランクリンや他の白人と同じように振る舞うのは、大変危険なことだということを祖母は知っていたのです。当時、南部では、そういう態度の黒人は、殴られたり、殺されたりしかねなかったのです。

あれ以来、他の白人の子供といざこざを起すようなことは、あまりありませんでした。たいてい、白人の子供は白人同士で、黒人の子供は黒人同士で一緒にいたからです。私たちは、学校も教会も違うところに通っていましたので、白人の子供たちとはたまに接触する程度だったのです。

学校に通いだした頃

私と弟は二歳半ちょっと年が離れていたのですが、学校に行き始めた時期は一年しか違いませんでした。私は年のわりに体が小さかったので、母があまり早くから私を学校にやりたがらなかったのが理由の一つでした。私はきゃしゃで、扁桃腺が慢性的に腫れたりして、小さい時から成長が遅かったのです。

一方、弟は体が大きく、私とほぼ同じくらいの大きさで、子供の頃は弟のほうが体重が多かった時期がよくありました。弟は目尻が何となくつり上がっており、東洋人のように見えました。弟が十三、四歳の頃、よく家にやってきては弟を「中国人（チンク）」と呼ぶ人がいましたが、弟のシルベスターはそう呼ばれる度に、ひどく憤慨したものでした。

初めて学校に行きだした時、私は六歳くらいでした。その一年後、弟のシルベスターは五歳くらいで学校に行き始めました。私たちは先生が一人しかいないパインレベルの黒人学校に通いました。

この学校は小さな木造校舎で、私たちが住んでいたところからすぐ近くにありました。また、私たちが通っていたマウント・シオン・アフリカ・メソジスト派監督（エピスコパル）会のすぐとなりにあり、実際にはその教会の庭の中にありました。教会の建物が学校として使われていたところも沢山ありましたが、パインレベルでは、教会の庭に校舎が別にありました。学校は一学年から六学年まであり、たった一つきりの教室に生徒が五、六十人くらいいました。私たちは、年齢別に一列に座り、ある時は年長の子供が前に行って、何かを読んだり暗唱したりし、またある時は、年少の子供にそういう番が回ってきたりする、といった具合でした。

私の初めての先生はサリー・ヒル先生といい、とても感じのいい人でした。肌の色が薄褐色で、とても大きい目をしていました。ほかの子供たちが私をからかったり、体が小さいとか何とか言ったりした時は、私は泣いて先生のところに行き、そばに座っていたものでした。時どき、先生が私のことを呼んで、話をしてくれたこともありました。

学校に通いだした頃には、私はすでに文字を読むことができました。母が家で教えてくれたからです。ですから、本当は私にとって母が最初の先生だったのです。いつ頃本を読み始めたのかよく覚えていませんが、たぶん三、四歳くらいだったに違いありません。

私は、大の本好きで、読んだり数を数えたりするのが好きでした。とにかく、本を探してきて、じっくり読書できるということは素晴らしいことだと思いました。まあ、それを自分では読書だと思っていたにすぎないのですが……。もし本の中に読めない言葉があった場合は、自分で話を作ってしまったり、絵について話したりしたものでした。

学校では、おとぎ話やマザーグースの童謡が好きでした。かつて誰かがいい本だと教えてくれたので、「赤ずきんちゃん」を探したのを覚えています。ヒル先生が与えてくれた本は何であろうと、一、二ページというのではなく、じっくり腰を据えて全部読んだものでした。そして、先生に「この本を読み終えました」と伝えるのです。それから、字を書くことを習いました。

ヒル先生と一緒にいられたのは一年きりで、その後、ビューラ・マクミラン先生が私たちの先生になりました。私たちは先生を「ミス・ビューラ」と呼んでいました。先生は長い間教師をしており、私の母も、子供の頃この先生に教わりました。

母は、私が通ったのと同じ学校の写真を持っていました。校舎の前に子供たちが写っており、階段の上と地面に子供たちが並んでいました。背の小さい子と男の子は地面にひざまずいていました。母はこの写真がボロボロだったので、私が人に見せるのを嫌がりました。私はよく虫眼鏡で写真の中の小さな顔に見入ったものです。

私は、ビューラ先生も学校も大好きでした。学校は楽しく、休みになると女の子たちはよく、「受け皿の上に座っている小さなサリー・ウォーカーちゃん。サリーちゃん、立って、薔薇(ばら)の周りを囲め」と歌う「リング・ゲーム」という遊びをしたものでした。男の子たちは球技をしていましたが、女の子はあまり球技をしなかったように覚えています。

家ではあまり遊びませんでした。母がよくボールを買ってくれたのですが、そのゴムボールはすぐどこかへ行ってしまうので、要注意でした。いずれにせよ、ボールはあまり長持ちしませんでした。私たちは、自分たちでやっていたゲームを「野球」と呼んでいたのですが、私自身は「野球」をあまりやりませんでした。やりすぎると、よく転んで怪我（けが）をしたからです。私は走るスポーツがあまり得意ではありませんでした。

年長の男の子たちの中には、走るスポーツや球技がとてもうまい子がいました。こういう子たちは学校で薪（まき）の世話をしていました。大きい男の子たちは木を切って学校に持ってくるのです。時どき、保護者たちがワゴン車に薪を積んで学校に持ってくることもありました。そういう時は、男の子たちがその薪をワゴン車から下ろし、学校の中に運びこむのです。

白人の学校では、こういうことをする必要はありませんでした。白人学校の暖房は、市や郡が責任をもってやっていたからです。私が小さい頃、家からそれほど遠くないところに白人学校が新築され、その前を通らなければならなかったのを覚えています。それはレンガ造りのとてもいい建物で、その学校は今でもそこに建っています。後でわかったことですが、その学校は白人と黒人の両方が払った税金を含む公共のお金で建てられたものでした。

一方、黒人たちは町や市や州の援助もなく、自分たちで学校を建て、しかも自分たちで教室を暖房しなければならなかったのです。

私たちの学校と白人学校のもう一つの違いは、私たちが年に五カ月間しか学校に行かなかったのに対し、白人の子供たちは九カ月間学校に行ったことでした。黒人の子供たちは、春には畑の耕作や苗植えに、そして秋には刈り入れをするために、いつも家族の手伝いに駆りだされたからです。

ガラスのない窓

私の祖父母の近所の人たちもそうだったのですが、黒人の家族は、みな小作農でした。小作農たちは農園の所有者たちの土地で働き、収穫の一部を自分のものにすることができたのですが、残りは農園の所有者に納めなければなりませんでした。それで、子供たちの手伝いも必要だったのです。そのため、私が通学し始めた頃、学校は秋の終わりから春の始めにかけてしかありませんでした。

学校に行きだした頃には、私は黒人と白人の間に大きな違いがあることに気づいていました。祖父が子供の頃、農園の監督にどんなにひどい目にあったか、本人から聞いていましたし、母からは年寄りたちが教えてくれたという奴隷時代の話を聞いていました。

例えば、奴隷たちは幸せそうなふりをし、白人たちにそう信じこませなければならなかったという話を、母がしてくれたのを覚えています。白人たちは、奴隷が不幸せそうにしているのを見ると怒ったからです。また、白人たちは、奴隷が白人好きだと思うと、その奴隷を少しよく扱ってくれたとのことでした。

白人の主人が死んだ時は、奴隷たちは悲しんでいるふりをしたものでした。指に唾を吐いて、それで頬を濡らし、涙に見せかけたというのです。それを小さい子供の目の前でやったものですから、その子供たちは悲しみにふけっている白人たちのいるところで、同じことをやってしまったそうです。

私は奴隷時代に生まれなくてよかったと思いました。しかし、自分と家族の生活状態は、奴隷時代から比べて、それほど向上していないということも知っていました。

私たちは白人の子供たちと違う学校に行っていることも知っていましたし、私たちの通っていた学校が白人の子の学校ほどよくなかったことにも気づいていました。私たちの学校にはガラスの窓がなく、その代わりに小さな木の雨戸がついていました。白人の子の学校の窓にはガラスがついていました。

白人の子供たちの中には、バス通学している子もいましたが、黒人の子供たちが乗るバスはありませんでした。私たちが学校へ歩いて行く途中、時どき白人の子供たちの乗ったバスが通り過ぎることがあり、白人の子供がバスの窓から私たちにゴミを投げつけたりしたものでした。ですから、白人の子供が乗っているバスを見ると、私たちは道をそれて、ちょっと離れた草むらの中を歩くようにしました。

当時、私たちには、今でいう「公民権」など全然なかったのです。ですから、抗議する手立てもありませんでしたし、抗議しようとする者もいませんでした。とにかく、（道をよけて草むらの中を歩くようなことをして）生き延びることが先決だったのです。そうすれば、その日その日を何とか暮らしていくことができました。

パインレベルは、都会で行なわれていたような人種隔離制をとるには、小さすぎる町でした。白人と黒人の比率がどのくらいだったかわかりませんが、とにかく小さな町でした。水飲み場やバスなどの公共施設がほとんどなかったため、私は子供の頃、パインレベルで「白人用」「黒人用」と書かれた水飲み場というのを見たことがありませんでした。

繁華街と呼ばれるような場所もなく、店が三軒あるだけでした。この店も、基本的にはどれも雑貨屋で、店主はみな白人でした。三軒の中に、郵便局のある店がありました。町の十二マイル（約二十キロ）以内のところには列車の停車場がなく、西のほうにあるレイマーというところまで行かないと、列車はありませんでした。

白人の暴力

私が六歳になる頃には、自分たちは実際は自由の身ではないということに気づいておりました。クー・クラックス・クラン（ＫＫＫ）が、黒人のコミュニティーを巡回し、教会を焼き、黒人を殴ったり殺したりしていたのです。私は、クランの人がなぜそんなに活発に活動するのか知らなかったのですが、後でわかったことは、その頃、第一次世界大戦から黒人兵士が帰還し、「国のために働いたのだから、自分たちも同じ権利を持つべきだ」という態度をとっていたからだということでした。

白人は、黒人がこういう態度をとることが気に入らなかったため、黒人に何の権利もないことを思い知らせるために、いろいろと暴力をふるい始めたのでした。

一時期、白人の暴力があまりにひどくなったため、祖父はいつも銃（二連式の散弾銃）をそばに置いていました。また、「クランの者が家に押し入ってくるようなことがあった場合、いざという時にすぐ逃げられるように、服を着たまま寝たほうがいい」などという話をしたのを覚えています。また、祖父が「あいつらが押し入ってきた時は、どのくらい持ちこたえられるかわからんが、とにかくこのドアから入ってきた最初の奴（やつ）は、私が必ずやっつける」と言っていたのを覚えています。

私たちは「ハイウェイ」と呼ばれていた通りに居を構えていました。当時、この道は舗装されていない砂利道でした。祖父は、わざわざ外に出ていって問題をおこすようなことはせず、自分の家を守るように努めていました。

私は、起こることは何でも見たいと思いました。祖父が実際にあの銃を使うのを見たいと思いました。ですから、寝ているところを不意をつかれるようなことがないようにしていました。夜、祖父が暖炉近くのゆり椅子に座ると、私はその椅子のすぐ隣で床に座ったものでした。祖父は万が一に備え、銃をすぐ近くに置いていました。

幸運にも、クランの人たちが家に押し入ってくることはありませんでした。そして、しばらくすると白人たちが暴力をふるった時期が過ぎ去りました。しかし、それでもいつも何らかの暴力事件があり、そういう話をいつも耳にしました。

私はまだ幼く、人種偏見について本で読んだ経験はありませんでしたが、そういう話はしょっちゅう聞いていました。黒人が死体で発見され、いったい何があったのか、誰もわからないままで、周囲の人たちは死体を運んできて埋めるだけ、といった話です。

そんな恐ろしい思いをしながら、どうやって暮らしたのか、時どき質問されますが、ただそういうふうに生きることしか知らなかったのです。また、パインレベル以外に知っている場所がなかったのです。

靴は白人と馬が履く

農園内で土地を所有していた黒人は、私の祖父母だけでした。二人は十八エーカー持っていました。そのうち十二エーカーは、私の曾祖父ジェームズ・パーシバルから相続したもので、曾祖父が、妻（私の曾祖母）のメリージェーンと一緒に奴隷解放後に買った土地でした。後の六エーカーは、二人の娘にあたる私のローズおばあちゃんが、生きている間ずっと使っていてよいからと与えられた土地でした。

祖母は、その土地を所有していたライト家の小さな女の子の面倒を見ていました。その子が大きくなると、モンゴメリーからやってきた商人のモーゼズ・ハドソン氏と結婚したのです。その農園は彼女のものだったのですが、結婚後は「ハドソン農園（プレイス）」として知られるようになりました。そして、モーゼズ・ハドソン氏は、ライト一家がかつて住んでいた土地と家を祖母に与えました。私たちが住んでいたのはその家だったのです。

家の土地には、果物やピーカンやクルミの木がありました。私たちは菜園を作り、鶏をはじめ、牛を数頭飼っていました。店で買わなければならないものは、あまりありませんでした。買物に行くのはいつも祖父でしたが、私と弟も時どき馬車で一緒に連れていってもらいました。

祖父は、売り物の卵を持って行き、家族が必要な物と交換したものでした。また、鶏や子牛も売りました。店には、布をはじめ私たちが必要なものがほとんどすべて置いてありました。パインレベルでは、既製服を買った覚えがありません。布を買うことができたので、それを母に縫ってもらったのです。こまごまとした収入は、母の教員の仕事と小作農で得たものでした。

私たちは、自分のところの野良仕事が終わると、モーゼズ・ハドソン氏の畑に行って働きました。シャーマン・グレイ氏が農園労働者の責任者でした。私たちは老人のグレイ氏を尊敬していましたので、彼をいつも「ミスター・シャーマン」、または「ミスター・グレイ」と呼んでいました。ほかの人たちは、彼を「トップの黒人（ニガー）」と呼んでいました。グレイ氏は半分白人でした。子沢山の大家族で、私たちの家の近くに住んでいました。

私は六、七歳そこそこの大変幼い頃から畑の手伝いをしていたのですが、ほかの子供たちと同じように粉のずだ袋を渡され、一、二ポンドの綿を摘むようにいわれたものでした。私たちは、誰が一番綿を摘めるか、競争して遊んだものでした。成長してからは、綿を摘んだり綿の木の手入れをしたりしたものでした。

綿花が綿繰り機で加工できるくらいまで育つと、秋に摘みとります。綿繰り機は綿の繊維と種を仕分けるのに使います。綿がまだ若木の春には、綿の木の周りの除草をしたり、綿の木が強く育つように綿の木の間引きをしたり、枝を切ったりしました。

こういった綿の木の手入れには一日五十セントが、摘みとった綿花百ポンドに対しては一ドルが支払われました。私が子供の時、綿をどのくらいの量摘みとることができたのかはわかりません。なぜなら、子供たちが摘みとった綿の袋は大人が摘みとったものと同じところに積まれたからです。私の家族は、家族全員が摘んだ綿を一緒に一山にしていました。十歳か十二歳になると、自分の分だけ秤(はかり)にかけられました。

綿の摘みとりや手入れは重労働でした。「見える時から見えなくなるまで働く」という言い方をしたものですが、これは「太陽が見えるようになる日の出の時から、太陽が見えなくなる日没の時まで働く」という意味です。太陽の日差しに焼きつけられたことや、古い労働靴を履いていていようがいまいが、熱い砂が足を焼き焦がしたことを、私は決して忘れないでしょう。

私たちは、普段、靴を履きませんでした。「俺たちには靴がないが、ホス（ホース〝馬〟）とボスには靴がある」という表現がありましたが、ハドソン農園（プレイス）の労働者たちはまさにこの表現の通りだったのです。農場には二揃（ぞろ）いの靴があるだけでした。一足は、白人の農園監督であるフリーマン氏の靴。そして、もう一揃いは、フリーマン氏が畑を乗りまわした馬の靴（蹄鉄（ていてつ））でした。

がんこ者同士

フリーマン氏は農園の全体責任者で、私と弟が遊ぶのを祖父が許してくれなかった子供というのは、フリーマン氏の子供のことだったのです。シャーマン・グレイ氏がよくフリーマンさんのところに行っては、「あなたたち白人は、働いてくれる黒人がいなかったらどうするのですか」とたずね、農園労働者たちの立派な仕事ぶりをほめてくれるよう、ほのめかしたものでした。これに対しフリーマン氏は「シャーマン、お前がいなかったら、ほかの奴を雇うさ。私のために働いてくれる黒人など、いくらでもいるさ」と、威張って答えるのでした。フリーマン氏は、はっきりそう言いました。その時、私たちはすぐそばの畑で仕事をしていたのですから、確かです。

私はこのことを考える度に、近所に住んでいたある男の人のことを思い出したのを覚えています。

その黒人の家も、やはり子沢山の大所帯でした。彼は白人の血が一滴も混じっていない生粋の黒人でした。初老で、名をガス・ボーンといいました。この人の妻と子供は畑で働いていたのですが、ボーン氏自身は、杖(つえ)をついて歩き回り、大ぼらを吹いているだけで、何もしませんでした。

フリーマン氏は、ボーン氏のことが嫌いで、「ガス、私はお前なんか嫌いだ」と、よく言ったものでした。すると、ボーン氏のほうは「以前と変わらずさ」と答えて、また歩いて行ってしまいました。私は最初、それがどういう意味かわからなかったのですが、後になって、ボーン氏もフリーマン氏のことが嫌いだと言っていたのだとわかりました。つまり、「以前と変わらず二人は仲が悪い」ということだったのです。

ですから、フリーマン氏のために働こうとしない黒人が少なくとも一人はいることがわかっていました。また、後になって、「白人に対し、勇気をもって抗議しようとするのは、肌の色の薄い黒人だ」と、白人が言うのを聞いた時も、当時を振り返り、白人の血のまったく入っていなかったガス・ボーン氏のことを考えたものでした。

パインレベルの白人は、皆が皆、私たち黒人を嫌っていたわけではありません。また、私自身も、白人は嫌な人ばかりだと思って育ったわけではありません。幼い頃、よく私を釣に連れていってくれた年寄りの白人女性がいたのを覚えています。この婦人は本当にいい人で、私たちを他の人とまったく同じに扱ってくれました。よく祖父母のところに遊びに来ては、長話をしていました。

ですから、パインレベルにも良い白人が何人かいたのです。

3　モンゴメリーの学校生活

パインレベルは、幼い頃の自分にとって、全世界でした。一番近い都会であるモンゴメリーに初めて行ったのは、私が八歳くらいの時でした。母は、当時黒人大学だったアラバマ州立師範学校〔現在のアラバマ州立大学〕のサマースクールに通って、教員免許を更新しつづけていました。

パインレベルからモンゴメリーには車で行きました。私は子供の頃、公営のハイウェイ・バスに乗った記憶がありません。何年もたったあとで、夫が言っていたのですが、（夫がかつて住んでいた）タスキーギとモンゴメリーの間には公営バスがあったとのことでした。しかし、黒人はバスに乗車することが許されず、バスの屋根の上に乗り、荷物と一緒に座っていかなければならなかった、ということでした。

パインレベルで育った私は、そういう話は聞いたことがありませんでした。もしパインレベルにもバスがあったとしたら、たぶん黒人はそんな侮辱には耐えられないと思い、個人の車で旅することを選んだでしょう。

パインレベルには、車を持っている黒人がいて、いうなれば送迎サービスのようなことをやっていました。車が出発できる時に自分も準備できており、お金さえ払えば、行きたいところに連れていってもらえました。時どき、朝とても早く起きなければならないこともありました。トラックを持っていて、荷台に人を立ったまま乗せて、いろいろな場所に連れていく人もいました。私自身は、こういうトラックに乗った覚えはありません。

私たちは、「ミスター・ベアフット（裸足）」とあだ名していた老人の車に、よく乗せてもらいました。町に行く時は、いつも朝早く出発できるようにしていなければなりませんでした。この老人は、「モデルT」という小さなフォード車を持っており、いつも車を乗客で一杯にしていました。

養女に欲しがられた話

モンゴメリーに買物に行く時は、「バッガホーム」（私たちはそう発音していました）という小さな町で車を降りました。その町は、農夫たちが食料品を買ったり、食事をしたりできる小さな商店街のようなところで、モンゴメリーへ行く時の最初の停留所で、帰りの最後の停留所でした。

もしモンゴメリーに泊まろうと思ったら、宿を探さなければなりませんでした。黒人は、繁華街にあるホテルや白人用の宿泊所に泊まることはできませんでした。その代わり、黒人専用の宿があったのですが、私たちは母の教員の給料が少なかったため、親戚のところに泊めてもらわなければなりませんでした。

父がいなくなってから数年たっており、あまり連絡がない状態でした。手紙でもよこすのであれば、いくらかお金を送ってくることもあったのでしょうが……。いずれにせよ、婦人や子供は宿泊所に泊まるよりも、親戚の家に泊めてもらうほうがよかったのです。

私たちは、ローズおばあちゃんのいとこにあたるアイダ・ノーブルズおばさんのところに泊めてもらいました。六歳ぐらいだった弟は、もちろん祖父母とお留守番です。アイダおばさんは独身で、自分の妹の息子である甥(おい)の面倒を見ていました。おばさんの妹は、シカゴに引っ越してから、市電にひかれて亡くなったのです。その息子は、十六歳くらいだったのですが(私はもっと大人だと思っていました)、彼をおばさんが引き取ったのでした。

しかし、おばさんは、私のことがとても気に入ったらしく、私を養女に欲しがりました。母は、年に九カ月間通えるモンゴメリーの学校に私を行かせたがっていました。アイダおばさんは、お医者さんの隣に住んでいましたので、しょっちゅう腫れていた私の扁桃腺が痛くなったとしても、すぐ手当てをしてもらえたことでしょう。母は、これを理想的な状態だと思い、学校のある間だけ、私をアイダおばさんのところにあずけてもいいと考えました。ところが、アイダおばさんは、私を正式に養女にし、名前を変えさせることを望んでいたのです。私は、そんな計画のことなど知りませんでした。大人たちは、私に、ちょっとの間他の人の世話になるだけだと思い込ませていたのです。

母は私を手放したがらず、アイダおばさんのほうはそれが気に入らなかったため、私たちは他の親戚のところに泊まることになりました。私はこういう意見の食い違いがあったということを、のちに母が話してくれて初めて知りました。私は母と一緒のほうがいいと思いましたし、アイダおばさんの甥のガス・ディレイニーを兄に持つより、シルベスターを弟に持っていたほうがずっといいと思いました。

というわけで、私たちはアイダおばさんの家を出て、ローズおばあちゃんの甥にあたる母のいとこのところに行きました。このいとこのレラーはパーシバル家の人で、妻のソフィアとの間にはポーリーンとクロード、そして生まれたばかりのモリスの三人の子供がいました。生まれたばかりの赤ちゃんのいる家に泊まるのは、私にとって初めてのことで、とても楽しい経験でした。母と私は、サマースクールが終わるまでこのパーシバル家に滞在し、その後パインレベルに戻りました。

母は、自分が教員免許更新のため学校に通っている間、私をアラバマ州立師範学校の中にある学校に通わせました。私は学校が好きでした。特に、冬の間よりも夏の間のほうが体の調子がよかったので、病気で学校を休むこともそれほどありませんでした。私が通っていたのは、教師見習の学生たちが教育実習を受けるための実験学校でした。

アラバマ州立師範学校は、パインレベルの学校と比べると大きな学校のように見えました。構内には「タリボディ・ホール」と呼ばれるレンガ造りの大きな建物と、ほかに四つくらい小さな建物があり、屋根なしのスポーツ観戦席が設置された校庭がありました。私は、パインレベルに帰るまでのほんの数週間、この学校に通いました。

ホワイト先生の学校

たぶん、その後パインレベルに戻ってからのことだったと思います。マウント・シオン教会の学校が閉校となり、小さな木造校舎も閉鎖されてしまったことがわかりました。それで、私たちは八マイル離れたスプリングヒルの教会の学校に行かなければならなくなりました。母はそこで教師をしており、その頃もまだ平日はスプリングヒルの下宿にいました。私と弟のシルベスターは、毎日歩いて学校に通いました。

母はとてもいい先生でした。学校には体育館がありませんでしたが、母は体操の大切さを確信していましたので、いつも体操をしてから解散したものでした。体操の時は外に出たのですが、教室では、読み書きなどの勉強のほかに、母はいろいろなことを考えだしました。女の子は裁縫、かぎ針編み、毛糸編み、刺繍（ししゅう）をしたり、トウモロコシの皮と松葉で籠を作ったりしました。母が私の先生でいたのは、私が十一歳になるまででした。その後、私はモンゴメリーの学校に行くようになったのです。

その学校は、「モンゴメリー実業学校」といいましたが、皆は「ホワイト先生の学校」と呼んでいました。アリス・L・ホワイト先生が学校の創立者の一人で、校長だったからです。もう一人の創立者は、マーガレット・ベアード先生といいました。ホワイト先生をはじめ、教師は全員白人でしたが、生徒は全員黒人の女子でした。スプリングヒルでは、六学年以上進めないうえ、黒人の公立校がなかったので、母が私をこの学校に通わせたのでした。黒人が六学年以上に進級し、公立校に行こうと思ったら、モンゴメリーのアラバマ州立師範学校の実験学校に行くしかなかったのです。

もし私がアイダおばさんのところにいたら、公立の中学校に行っていたことでしょう。私が八歳の時、その中学校は「スウェイン学校」と呼ばれていましたが、後に「ブッカー・T・ワシントン学校」と改名されました。私たちは、この中学校の前をよく通りました。アイダおばさんは、私がおばさんと住むようになったら、あそこに通うのだとよく言っていました。その話がうまくいかなかったので、母は、私をホワイト先生の学校に送ることに決めたのでした。ホワイト先生の学校は、公立の中学校よりずっと評判がよかったため、母は私にホワイト先生の教育を受けさせたいと思ったのです。

ホワイト先生は、マサチューセッツ州のメルローズの出身でした。教員たちも、全員北部出身の白人女性でした。黒人の女子を教育するために南部に来たのですから、モンゴメリーの白人社会からは、村八分にされてしまったことはいうまでもありません。ですから、この先生たちが社交を楽しもうと思ったら、黒人と付き合わなければなりませんでした。教会も、黒人教会に行くといった具合でした。

ホワイト先生は本当に苦労されていました。開校初期の頃は、学校が二度焼かれました。母が私をそこに入学させた頃は、学校が建ってから何年も経ていました。

扁桃腺の手術

ホワイト先生の学校に通いだす前に、私はモンゴメリーで扁桃腺を取ってもらいました。二歳くらいの時からよく扁桃腺が腫れ、それがずっと何年も続き、特に寒い季節には、よく学校を休まなければなりませんでした。田舎のはずれにある隙間風の吹く寒いスプリングヒルの学校で、私はいつも風邪を引いたものでした。そして、必ずといっていいくらい、風邪で喉を腫らしていたのです。

田舎で私がかかっていた医者は、私の心臓が弱いので、扁桃腺の手術に使う麻酔には耐えられないだろうと言い、椅子に座らせたまま部分麻酔で手術をする方法を母に説明しました。しかし、母は「とんでもない」と、それを断わり、私をモンゴメリーに連れていったのです。モンゴメリーには、母の姉のファニーがいました。

ファニーおばさんには、私より数カ月年下のトマスという息子がいました。（数年後この話をした時、本人が言っていたのですが）トマスは扁桃腺が悪くなかったのに、一人分の値段で二人の手術をしてもらえるというので、母と伯母は、トマスと私の両方の扁桃腺を手術してもらったのです。

私は扁桃腺を取ったあと、ひどく体調を崩してしまいました。目が腫れて見えなくなり、喉もなかなかよくなりませんでした。私たちは病院に一、二晩泊まりました。「ヘイルの診療所」と呼ばれていた病院で、お医者さんは白人だったように覚えています。

母はその後、私をパインレベルに連れ帰ってくれたのですが、私はしばらくの間、体調を悪くしていました。いとこのトマスは、すぐよくなっていました。回復してからは、私はぐんぐん成長しました。

術後は、扁桃腺が悪くなることはありませんでしたが、手術のせいで学校を何日も休んだため、ホワイト先生の学校では、六年生になるところを五年生にされてしまいました。私は、スプリングヒルですでに五学年を修了していたのですが、田舎の学校から来たということで、先生たちは私の勉強が遅れているだろうと思ったのです。しかし、学期の途中で六学年に進級させてもらったのを覚えています。

私が十一歳で初めてホワイト先生の学校に入った時は、母が学費を払ってくれました。その後、学費が払えなくなり、私は奨学生となりました。机のほこりをはらったり、床を掃いたり、ゴミを捨てたり、次の日の授業に使わない時は黒板を拭いたりしたものです。

学校の経営は、生徒からの学費だけで賄われていたわけではないことはわかっていましたから、ホワイト先生は、地元の長老派（プレスビテリアン）教会か会衆派（コングリゲイショナル）教会から援助を受けていたのだと思います。ある日、ローゼンウォールド氏が学校にやってきたのを覚えているのですが、彼からも援助を受けていたに違いありません。私たちは紹介されなかったのですが、その人が誰か皆知っていました。氏は学校の視察にやってきたのでした。あれは確か、私が学校に入ってからすぐのことだったと思います。

ローゼンウォールド氏はシアーズ・ローバック社の社長で、百万長者でした。教育、特に南部の黒人子女の教育に大変興味を持っていました。彼は田舎の地域に教室が一つの学校をいくつか建てたのですが、人びとはこれを「ローゼンウォールド学校」と呼んでいました。

母がこのことをよく話してくれたのですが、ホワイト先生の学校は、教室が一つきりの学校どころか、三階建ての建物でした。現にこの学校は、モンゴメリーのハイ・

ストリートに近いユニオン・ストリートに今も建っており、ブッカー・T・ワシントン高校の一部として現存しています。

ホワイト先生の学校は、隣のカトリックの共学校と高い塀でしきられていました。このカトリック校は、生徒が全員黒人で、教員と神父は全員白人でした。隣同士の二つの学校は、互いに敵意を持っていたような気がします。あの高い塀がなかったら、ひょっとすると敵意以上のものが生まれていたかもしれません。

カトリック校の生徒が、時どき塀を登ってこちら側の様子を見ていたことがありました。しかし、生徒たちが接触したり、会話を交わしたり、口論したりしないように、ホワイト先生がいつも見回りをしていたため、それ以上のことは起こりませんでした。

黒人用の水の色

私たちは、たいてい歩いて学校に通い、天気が悪いときだけ市電に乗りました。当時、モンゴメリーには公営のバスがなく、市街電車があるだけでした。この市電は乗客が人種別に隔離されており、私たち黒人は乗車したら、できるだけ奥のほうに行かなければなりませんでした。

モンゴメリーでは、ほかにも人種隔離がさまざまな形で行なわれていて、それに慣れなければなりませんでした。公共の水飲み場もその一つでした。モンゴメリーの水飲み場には、「白人用」「黒人用」という標識がかかっていました。

何百万人もの黒人の子供たちが皆そう思っていたように、私も、「白人用」の水は「黒人用」の水よりおいしいのだろうか、と思ったものでした。また、「白人用」の水は白くて、「黒人用」の水には色がついているのかどうか、知りたいと思っていました。水には違いがないということがわかるまで、しばらく時間がかかったものです。どちらの水も、色も味も同じで、その違いは、誰がどちらの水飲み場で飲むか、ということだったのです。

あの頃、私はファニーおばさんと子供のハワード、トマス、アニーメイとエラ・フランシス・ウィリアムソンと一緒に住んでいました。ファニーおばさんの夫は亡くなっていました。私たちは、市街からちょっと離れたところに住んでいましたので、どうしても白人の住宅地を通らないわけにはいきませんでした。

私は、ある日、学校の帰りに、いとこのアニーメイたちと一緒に歩いていました。いとこたちは公立の学校に行っており、私だけがホワイト先生の学校に通っていました。

その日、白人の男の子がローラースケートをしながらやってきました。その子はどういうわけか、私を目がけ、歩道から突き飛ばそうとしたのです。私は向き直って、彼を押しのけました。そこからそう遠くないところに白人の女性が立っていたのですが、「もう一度その子を押したら、刑務所に入れて二度と出られないようにする」と言ったので、その婦人は男の子の母親だということがわかりました。私はその婦人に、彼の邪魔など何もしていなかったのに彼のほうが私を押したのだ、と訴えました。

この事件以来、母は、私にはいとこのレラーとソフィア・パーシバルと一緒に暮らすほうがよいと決めました。私がファニーおばさんの家から毎日白人の住宅地を通って通学するのを望まなかったからです。

ローラースケートの男の子とのいざこざは、一番こわい出来事でしたが、白人の子供たちはしょっちゅう私たちに近づいてきては、脅したものでした。私たちは、白人の子供たちと何となく荒っぽい口をききながらも、殴りあいにならないようにしたものでした。

学校の閉鎖

私はホワイト先生の学校に通うのが好きでした。パインレベルにいた時にいつも釣に連れていってくれた婦人たちから、白人だって私たちを普通の人間のように扱ってくれるということを教えてもらっていましたので、白人の先生に教えてもらうことに慣れるのは難しいことではありませんでした。

学校には生徒が二百五十人から三百人いて、英語や理科や地理といった普通の科目を勉強しました。学校に顕微鏡があったかどうか覚えていません。もしあったのだとしたら、私は使う機会がなかったのでしょう。学校はそれほど進んだところではありませんでした。いずれにせよ、当時の女子教育は、家庭科の授業が中心でした。

先生たちは「家政科学」と呼んでいたように思います。先生たちは、調理や裁縫や病人の看護の仕方を教えてくれました。私たちは、家にいる病人の看護の仕方やベッドの整え方、食事や病人が必要とする世話についての教科書を持っていました。当時、特に南部では、黒人はあまり病院に行くということがなかったのです。というのは、病院も医者も白人専用で、黒人の病人は、たいてい家で黒人の女性に面倒を見てもらったのです。

また、学校では、いわゆる「作業療法」というのをやっていました。私たちは衣服をはじめいろいろなものを作りました。私自身、裁縫のことをずいぶん学びました。年長の生徒たちは、敷物(しきもの)織りをしていましたが、私自身はやらずじまいに終わりました。

ホワイト先生の学校で一番学んだことは、「自分は尊厳と自尊心を持った一個の人間である」ということ、そして「自分が黒人であるという理由だけで、他の人よりも目標を低く持つようなことがあってはならない」ということでした。

私たちは「大望を抱くこと」そして「自分の望みは必ず成就(じょうじゅ)できると信じること」を教わりました。もちろん、これはホワイト先生の学校だけで学んだわけではなく、祖父母や母からも学びました。いうなれば、家庭で学んだことを、ホワイト先生の学校の教師たちがより揺るぎないものにしてくれたのです。

ホワイト先生の学校は、私が三学期間を過ごしたあとで、閉校してしまいました。私は八学年〔中学二学年に相当〕まで修了したのを覚えています。ホワイト先生は、大変年をとられ、それ以上学校の経営が続けられなくなってしまったのです。先生は校長を辞めなければなりませんでした。教員たちも、皆年をとってきており、若い教師を雇うのが難しかったのです。教員は誰もホワイト先生に代わって学校を経営できると思っていませんでしたし、ほかに誰もホワイト先生の職を引き継ぐ者がいなかったのです。

先生は本当に苦労されました。黒人の女子のための学校を経営するというのは、白人にとってあまり魅力的な仕事ではなかっただろうと思います。ホワイト先生はその後、南部を離れ、マサチューセッツに帰り、数年後そこで亡くなりました。先生が北部に帰ってから、手紙をもらったのを覚えています。

一九八五年に、ホワイト先生の学校の同窓会に行きました。今では同級生は残り少なくなりました。モンゴメリー在住のホワイト先生の昔の生徒たちは、州立古文書保管所に先生とベアード先生の写真を保管してもらいました。つまり、かつては村八分にあった先生たちも、今は敬意を表されているというわけです。

白人の子供たちとのいざこざ

幸運にも、ホワイト先生の学校が閉校する頃には、モンゴメリーにも黒人のための公立中学校ができました。それ以前は、モンゴメリーには黒人のためのハイスクール

（中高学校）がなかったため、小学校しか行くことができませんでした。または、アラバマ州立師範学校の実験学校に行くか、バーミンハムの高校に行くしかありませんでした。しかし、スウェイン学校がブッカー・T・ワシントン中学校になったので、私はそこで九学年に入りました。

私がブッカー・T・ワシントン中学校に入った頃には、ファニーおばさんが黒人の住宅地に引っ越していたため、私もおばさんの家に移りました。ファニーおばさんは、ユダヤ人専用のカントリークラブで清掃員をしていました。私たちは「ユダヤ人クラブ」と呼んでいただけで、クラブの名前は覚えていません。

おばさんは、昔とても病弱で痩せており、あまり働けませんでした。そのため、よく私たち子供を連れていっては、自分の仕事を手伝わせたものでした。ユダヤ人クラブは白人街にあり、クラブの中には空き地がありました。

ある日、いとこのアニーメイと私は、その空き地で果実（ベリー）を摘んでいました。近くに白人の家があり、小さい男の子が私たちを見ていたのですが、「お前ら黒人は、そのベリーにさわるんじゃない」と言ったのです。私といとこは驚いて、その子に脅しをかけました。その子との間には塀があったのですが、私たちは「近くに来たらぶつわよ」と、その子に言いました。

後で、私たちがベリーを取っていたのを責めた子のこと、そして私たちがその子に何と言ったか、ファニーおばさんに話しました。すると、おばさんは「お前たちは頭でもおかしいんじゃないの。無駄ぐちを叩くんじゃないよ。その子が誰かにそのことを話しでもしていたら、お前たちは首吊り(くびつ)にされて、私たちを泣かすことになったことでしょうよ」と言いました。

白人に口答えしてはいけないということを身をもって知ったのは、これが二度目のことでした。この出来事は、最初の時ほど気になりませんでした。アニーメイが一緒だったからです。

それからまた、事件が起きました。私たちは森の近くに住んでいたのですが、そこには小川がありました。私たちは、暖炉にくべる枝を拾いながら森の中を歩いていました。弟は当時、モンゴメリーの学校に行っていましたので、その時私たちと一緒でした。

すると、十代くらいの白人の男の子が一団となって私たちを追いかけてきたのです。そして、弟を小川に突き落とすと言って脅しました。弟は、その白人の子ほど大きくはなかったのですが、白人の子供たちは、「でかい黒ん坊(ニガー)」を小川に突き落とす、と話していました。

私は、「あなたたちも私たちも、みな一緒に落ちないかぎり、誰一人水の中に入れることなんかできないわよ」と言って攻撃しました。すると、その白人の子供たちは、私たちが彼らを引きずりこむのではないかと思い、後ろに引き下がったのでした。

同じ子供たちだったのかはわかりませんが、弟が友達とどこかにいた時も、白人の子供たちが石を投げてきたことがあったそうです。弟たちがその子供たちに石を投げ返したところ、石がそのうちの一人に当たり、白人の子供たちはみな逃げて行きました。そして、すぐ大人を一人連れて戻ってきました。たぶん、その子供の父親だったのでしょう。

弟が言うには、その男の人はピストルを持ってきたそうです。男の人は、小さい白人の子供に、石を投げたのは弟とその友達かどうかたずねました。しかし、なぜかわかりませんが、その白人の子供は「違う、こいつらじゃないよ」と言ったと、弟が話していました。たぶん、その子供は誰がぶつけたのか認めたくなかったのか、または、黒人の男の子が銃で撃たれるのは嫌だと思ったのでしょう。

弟は十三、四歳でしたが、もう少しで危うく命を落とすところでした。弟は成人してから、ある日、私とおしゃべりしていた時、初めてこのことを話してくれました。

こういった白人の子供たちとのいざこざは、まあまあよくあることでした。中にはよりきわだった出来事もありましたが、向こうから仕掛けてくるような口喧嘩をはじめとして、たいていの出来事は忘れてしまう程度のものでした。また、白人の子供たちは本気で意地悪をするつもりだったわけではなく、ただ周りの大人たちの態度に感化されていたのです。

初めての仕事

第十、十一学年〔高校一、二学年に相当〕の時は、アラバマ州立師範学校の実験学校に行きました。この師範学校は、当時すでに「アラバマ州立黒人（ニグロ）教育大学」と呼ばれるようになっていました（「ニグロ」というのは、黒人を呼ぶのに好んで使われた丁寧な言葉でした）。

モンゴメリーには、まだ黒人のための公立高校がありませんでした。モンゴメリー市は、一九三八年まで黒人の高校を開校しなかったばかりか、一九四六年まで黒人用の高校の建物さえありませんでした。黒人は、アラバマ州立大学が教育実習の一環としてやっていた実験学校に通うことができ、私は十一学年までそこで勉強しました。九月に十一学年に進級したのですが、約一カ月後、祖母が病気になり、その世話のために高校を中退しました。それから一カ月くらいして、祖母は亡くなりました。私は十六歳でした。

それから、私はモンゴメリーに戻り、自分にとって初めての「社会に出た」仕事を見つけました。それ以前は、時どき人の家を掃除するなど、家事的な仕事をしたことがありました。この外でする初めての仕事は、デニム製の男性用仕事着を作るシャツ工場の仕事でした。

アラバマ州立大学の実験学校には短期間復学したものの、今度は母が病気になり、勉強を続けるのが不可能になりました。母は偏頭痛と足のむくみに苦しみました。私は高校を中退し、弟のシルベスターが働きに行っている間、母の面倒を見ました。

高校を中退した時は、いずれの時もうれしくありませんでした。しかし、祖母の面倒を見ることも、母の面倒を見ることも、自分の責任でしたので、私は愚痴をこぼしませんでした。当然やるべきことをやったにすぎなかったのです。

母が回復してからは、時どき家事をしましたが、結婚するまで、主に農場の仕事をし続けました。高校は、結婚してから卒業しました。

4 結婚、そして活動家の妻に

レイモンド・パークスと初めて会ったのは、お互いの知人で私がよく知っていた女性の紹介でした。どうも、彼は、私の友人がよく知っていた若い女性と別れたばかりだったようです。それで、彼女が私に会ってみてほしいと彼に申し出たのです。しかし、その頃、私自身も悲しい恋の経験をしたところでしたので、あまり興味がわきませんでした。

彼は会うなり、私の家を訪ねてきたがりました。しかし、彼は色が白すぎると思いました。私は、祖父は例外として、肌の白い男性が嫌いでした。レイモンド・パークスは、肌の色がとても薄かったのです。

彼は当時二十代後半で、O・L・キャンベル氏がモンゴメリーのダウンタウンで経営していた黒人専用理髪店で、理髪師として働いていました。私は十代後半でした。彼が私に興味を抱いていたのは知っていましたが、私はただ礼儀正しく話をしただけで、彼のことは気にかけませんでした。

その後、彼は私を捜し訪ねようと心に決めました。私の住んでいた界隈に車でやってきたところ、母が表玄関に立っているのを見つけました。道のずっと向こうでも老婦人に私のことを知っているかどうか尋ねたのですが、近所の人たちは彼のような人間がなぜそんなことを聞いて回っているのか想像しかねていました。彼を白人だと思ったからです。ですから、最初に彼が尋ねた人は、私を知っていることを認めませんでした。

彼は道をさらに行って、髪を三つ編みにした私の母が表玄関のところに立っているのを見つけました。そして、私がどこに住んでいるか知っているかと尋ねました。その女性は私の母だったわけですから、もちろん母は彼を家の中に招き入れました。こうして、私たちは互いに知り合うようになりました。彼は家に入り、座ってちょっとの間話をしました。私はとても恥ずかしがり屋で、彼にはまだ興味を持てずにいました。

彼は再び訪ねてきましたが、その時、私は彼に会いに出ていこうとしませんでした。ベッドにもぐって頭からシーツを被り、出ようとしないでいたのです。「もう寝てしまったのでしたら、これ以上はお邪魔しません」と、彼が言うのが聞こえました。そして、彼は帰っていきました。

しかし、彼はまたやってきました。それからは、一緒に車でいろいろなところに出かけるようになりました。彼は、後部に折畳み座席のある赤い小さな「ナッシュ」という車を持っていました。黒人青年が、特に白人を乗せるためではなく、自分の車を持っているというのは特別なことでした。私たちは若い頃、よく白人の車を拝借して乗っている若者たちに後ろの座席に乗せてもらったものでした（もちろん、その白人たちが知らないうちのことです）。

パークス（誰もが彼をそう呼んでいました）は、大変いい人で、私は彼との会話をとても楽しく思いました。運転しながら、自分のそれまでの経験や肌が白いために若い時どんな苦労をしたか話してくれました。

白人に立ち向かうパークス

パークスは、一九〇三年二月十二日、モンゴメリー北東のランドルフ郡ロアノーク近くに位置するアラバマ州ウェドウィーという土地で生まれました。彼の両親は、デイビッド・パークスとジェリー・カルバーストーン・パークスですが、私と彼が出会う前に二人はすでに他界していました。彼の父親は、レイモンドが赤ん坊の時に家を出てしまい、二度と彼に会うことがありませんでした。父親は、大工仕事をしている時に、屋根から落ちて亡くなったのです。

パークスは、白人ばかりが住んでいた土地で育ったと教えてくれました。彼は、肌の色がとても薄かったので、白人として通用したのですが、白人のような頭髪はしていませんでした。彼はその界隈ではたった一人の黒人の子供でした。近所の学校は白人用だったため、そこに通うことが許されず、また黒人の学校は遠すぎて通えなかったため、子供の頃は自分の母親が家で読み書きを教えました。彼は小さい頃、アラバマ州ロアノークの学校に短期間通ったことがありましたが、それ以外は学校教育を受けたことがありませんでした。

パークスは、十代後半の時に、病気の母親と祖母の面倒を二人が亡くなるまで見ました。その後、ロアノークにある浸礼派（バプティスト）教会で堂守りの仕事を見つけ、教会の建物と庭の世話をしていました。ちょうどその頃、教会の周りに低木の生け垣を植えたばかりで、パークスがその生け垣に水をやることになりました。彼はやることはやったのですが、日中は水をやらず、日が沈んだ夕方に水をやったのです。すると、教会役員の夫人が、「彼は植え込みに水をやらなかった」と、牧師に言いつけました。

牧師は、「ミセス・ジョーンズが、君は植え込みに水をやらなかったと言っていた」とパークスに告げました。パークスは、「水をやった」と言いました。牧師は「ミセス・ジョーンズが、君は植え込みに水をやらなかったと言っているんだ。もし君が夫人の言葉を否定したなんてことを彼女の夫が知ったら、君と一緒にこの教会の庭を一掃してしまおうとするだろう」と言いました。それでもパークスは、植え込みに水をやったと牧師に言ったそうです。彼はこう言ったそうです。

「太陽が植え込みを焼き焦がさないように水をやることになっていた日中は、水をやらなかっただけです。それにしても、ミスター・ジョーンズもミセス・ジョーンズも、私と一緒に教会の庭を掃くなんてことをするわけないじゃないですか。そして、あなたもそんなことをするわけありません」

こういう口がきけたのは、実は、ポケットの中に拳銃を持っており、いざとなればそれを使うことができたからだと、パークスが教えてくれました。

パークスが言うには、彼はいつも人とうまくやっていくよう努力していたとのことでした。しかし、白人たちがずうずうしく向かってきた時は、いざとなれば自分だって立ち向かうことができるということをわからせたかったとのことでした。白人たちは、生意気な口をきく者に対しては何もしなかったのです。しかし、ちょっとでも怖がっている素振りをしようものなら、からかわれてしまったのでした。

その後、パークスは家を出ました。彼には幼い妹がいたのですが、その子の面倒はいとこたちに頼みました。彼はそこにはそれ以上いられないと思ったとのことでした。そして、白人たちに対していつも生意気な口をきくのは嫌だったので、それ以上白人の周りにはいたくないと思ったとのことでした。白人たちは、生意気な口をきく者たちを、「サッシーな（厚かましい）やつ」と呼んだものでした。

パークスが家を出たのは、二十代初めの頃でした。それ以来、職を転々とし、よく引っ越しをしました。そして、タスキーギにいた時に、理髪師の技術を身につけました。

私が会った時、彼は二十八歳になっており、モンゴメリーに住んで理髪師の仕事をしていました。これは祖父を除いてのことですが、パークスは人種問題に関して私が実際何でも話をした最初の黒人男性でした。そして、祖父とガス・ボーン氏を除いて、白人をまったく恐れない最初の黒人でした。

多くの黒人たちは、ただ「ミスター・チャールズ（白人）」に媚（こ）びへつらわなければならないと思っており、白人に逆らうことなどできませんでした。いうなれば、パークスは自分が人間であることを信じ、人間として扱われることを望んだのです。

私は、パークスが白人に対し臆病な態度（いわゆる「アンクル・トム的態度」）をとらなかったことに大変感心しました。とてもいい人だと思いました。そして、知的な話をする面白い人だと思いました。彼は自分が経験したありとあらゆることについて、一度に何時間も話しつづけることができました。

スコッツボローの少年たち

パークスは、私が会った人の中で最初の本物の活動家でした。私たちが知り合った時、彼はすでにかなり古くから全国黒人向上協会（National Association for the Advancement of Colored People〔NAACP〕）に所属していました。私たちが知り合った一九三一年春、「スコッツボロー事件」が起きたのですが、パークスはこの事件のことを教えてくれた最初の人でした。スコッツボローの少年たちに何が起きているのか、この少年たちが電気椅子で処刑されないように、彼らを裁判で弁護するための弁護士顧問料をパークスたちがどのようにして捻出したのか、話してくれました。

パークスたちは、秘密で事を運んでいましたので、仲間の名前は教えてくれませんでした。パークスはよく、「全員ラリーという名前だ」と言っていました。

スコッツボロー事件の少年とは、二人の白人女性を強姦（ごうかん）したという罪で逮捕された若者九人のことですが、逮捕前に彼らはお互いに面識さえありませんでした。ヘイウッド・パターソン、ユージーン・ウィリアムズ、そしてロイとアンディ・ライト兄弟は、テネシー州チャタヌーガの出身でした。クレアランス・ノリス、チャールズ・ウィームス、オレン・モンゴメリー、オージー・パウエル、そしてウィリー・ロバートソンは、ジョージア州の各地の出身でした。彼らは、十四歳から十九歳までと年齢に開きがありました。

少年たちは全員、テネシー州からジョージア州を通りアラバマ州に向かう同じ貨物列車に乗って、渡り労働者として旅をしていました。同じ貨車には、ほかにも黒人と白人が沢山乗っていました。大恐慌（だいきょうこう）の頃でしたので、仕事のない人が溢（あふ）れていました。こういった人たちの多くは汽車に乗り、仕事を探しに行ったものでした。

ある時点で、この貨車に乗っていた白人たちが黒人たちを攻撃し始め、列車から降りるように言いました。黒人たちは彼らに立ち向かい、アラバマ州スティーブンソン近くで攻撃してきた白人たちを列車から降ろしてしまいました。

その先、貨車がアラバマ州ペイントロックで給水のため停車しました。するとそこには、棒や拳銃で武装した白人の暴徒らが待っており、黒人たちを貨車から引きずり降ろし、「首吊りにするぞ」と脅したのです。

しかし、警察が来て、暴徒らを解散させました。そして、黒人の若者たちに手錠をはめ、一番近くにあったアラバマ州スコッツボローの刑務所に連行したのです。その若者たちが「スコッツボローの少年」と呼ばれるようになったのは、そのためです。警察は、白人の渡り労働者たちも刑務所に留置しました。

翌日、警察は、一晩閉じ込めておいた留置場から黒人たちを出し、ルビー・ベイツとビクトリア・プライスという白人女性二人の前に整列させました。ルビー・ベイツはそのうちの六人を選別し、彼らが自分を強姦したのだと主張しました。すると警察は、本人がそう言ったわけではないのに、残る三人がビクトリア・プライスを強姦したことになると決めつけてしまいました。

一九三一年四月六日、被告の黒人青年たちは、法廷に送られました。チャタヌーガの黒人説教師たちからなる国際牧師連盟は、弁護士に払う費用として五十ドルを調達しました。弁護士は裁判の前に三十分間、黒人青年たちに会いました。九人の被告を全員裁くのに、裁判が四回行なわれ、計三日間費やされました。

例の女性二人は、被告らが自分たちを殴り、拳銃やナイフを使ったと証言しましたが、警察は拳銃もナイフも発見していませんでした。医師二名が、この女性たちには傷もあざもないと証言したのですが、裁判官は、「被告らは有罪であり、そのために裁判をするのは時間とお金のむだである」と明言し、被告は全員有罪となりました。四月九日、裁判官は、一番年が若い者を除く全員を七月十日に電気椅子で処刑する判決を下しました。

実際に犯していない罪のために死ななければならないというのは、ひどいことだと思いました。それは、人種隔離主義者たちが黒人の命をどれほど軽く見ていたか、そして私たちに恐ろしい思いをさせるためならどんなことでもする、ということを証明するものでした。

この頃までに、事件は新聞で取り上げられるようになっており、南部以外の人びとは、少年たちが濡れ衣（ぬれぎぬ）を着せられ投獄されたことに大変憤慨していました。四月下旬には、共産主義の組織である国際労働保護団体が少年たちを助けるために裁判に介入しました。五月初めには、全国黒人向上協会が事件に乗りだしました。この二つの組織は、どうにか処刑の日程を破棄し、上訴を提起しました。

十一月、アメリカ合衆国最高裁判所は、最初の裁判の時に被告側の弁護士は実際に彼らの弁護をしなかったという理由で、改めて裁判を行なうことを命じました。裁判と上訴が、何年も何年も続きました。一九五〇年に、やっと被告の中の最後の一人が仮釈放されました。

パークスは、事件当初からスコッツボローの少年たちのために尽力していました。この事件に関与していた大きな団体のうち、どれかに公式にかかわっていたのかどうかは知りませんが、彼が一緒に活動していた仲間は、モンゴメリー以外の土地の人たちでした。私がパークスに初めて会った時、彼はすでにこの仲間たちと活動していました。そして、翌年も、またその翌年も、事件にかかわり続けました。白人たちは、黒人を助けようとする者は共産主義者である、と非難しましたが、私はパークスの仲間が誰一人共産主義者だったとは思っていません。

私は、パークスがスコッツボローの少年たちのために尽力していることを誇りに思いました。また、彼の勇気に敬服していました。ああいう活動をしていることが理由で、殴られたり殺されたりしかねなかったのですから……。彼は、自分と同じ人種と、自分の家族と、自分自身の生活を向上するための活動に熱心で、そのために率先して行動しようとしていたことが、後になってよくわかりました。

私とパークスが二回目に二人だけで会った時、彼は結婚のことを話題にしました。私自身は、結婚のことはまったく考えてもいませんでした。彼が結婚のことを話しても、私はそれにまったく注意を払いませんでした。しかし、ある日、彼はこういいました。

「僕たちは結婚すべきだと、絶対思う」

私は彼に賛成しました。翌日、私が教会に行っている間に、私との結婚を許してくれるよう、彼は母に申し出ました。そして、私が教会から家に帰ると、母は結婚に賛成したと教えてくれました。実のところ、彼は正式なプロポーズのようなことは、まったくしませんでした。

あれは、一九三二年八月のことでした。そして同年十二月に、私たちはパインレベルの母の家で結婚式を挙げました。大きな結婚式ではなく、家族と親しい友人だけで行ないました。招待状さえ出しませんでした。結婚式後は、アラバマ州立大学からそれほど離れていないモンゴメリーの東部地区に引っ越し、クォーターマンという名の人たちがやっていたサウスジャクソン・ストリートの小さな下宿屋に新居を構えました。

基地で働く

夫は、私が高校を卒業したいという希望に対し大変協力的でしたので、私は結婚後、高校に復学しました。そして、二十二歳の時に高校の卒業証書を手にしたのです。当時、モンゴメリーでは高卒の黒人はほんの一握りしかいませんでした。私が高校の卒業証書を手にしてから七年後の一九四〇年でさえも、百人のうちたった七人しか高校教育を受けていませんでした。

それでも仕事を見つけるのにはあまり役立ちませんでした。高校の卒業証書をもっていても、実際には高卒の資格を必要としない仕事しか見つけることができず、聖マーガレット病院の手伝いとして働くかたわら、お針子の仕事をしました。

一九四一年、地元の陸空軍基地であるマックスウェル基地で職を得ました。基地では人種差別が撤廃されていました。ローズベルト大統領が、基地内の公共の場所や市電やバスの中での人種隔離を禁止する命令を発布していたからです。

基地では、人種差別をしない市電に乗れても、基地をいったん離れると、人種が隔離されたバスに乗って家路につかなければなりませんでした。

私が働いていた基地の建物の中に白人女性が住んでいたのを覚えています。私たちはよく基地のバスに乗り、お互いに向かい合って座ったものでした。この女性には九歳くらいの小さな男の子がいたのですが、彼女と少年が一緒に座り、ローズという名前のもう一人の従業員が私と一緒に座り、お互いに向かい合っておしゃべりしたものでした。次に市内のバスに乗るときは、この白人女性はバスの前方に、私たちはバスの後方に行くので、少年は私たちをいつも不思議そうに見ていました。

この白人女性はミシシッピー州の出身だったのですが、私たちと一緒にバスに乗るのを少しも嫌がりませんでした。

基地では、時どき個人の間でいざこざが起きることがありました。私自身は嫌な経験をしたことはありません。しかし、数年後、夫が、基地にある個人所有の理髪店で仕事を見つけたのですが、私にこんなことを話してくれたのを覚えています。

夫がカフェテリアに行き、長いテーブルの一番端に腰かけた時のこと。白人女性が二人入ってきて、テーブルの反対の端に座りました。すると、ある白人男性が来て、夫が白人と同じテーブルに座っているのを叱りつけたというのです。しかし、これは陸空軍が間違っていたのではなく、この男性個人の問題だったのです。

深夜の会合

パークスは、スコッツボロー事件のことで夜の会合に通いつづけました。大変危険だったので、私は会合に行きませんでした。彼らが集まった時は、必ず誰かを見張りに立て、誰かが拳銃を携帯するようにしていました。

夫は、これだけは私にあまり積極的にかかわらないように望んでいたようです。なぜなら、夫が一緒にやっていたこの小さなグループは、いつも皆が寝静まった深夜から朝まで会合をしていたからです。また、突然逃げなければならなくなった時は大変なので、私に行ってほしくなかったのです。その時は、夫一人で逃げるわけにいかないでしょうし、私は彼のように速く走れません。また、夫は私をまだ若すぎると思っていたのです。

夫は、会合でどんなことがあったのか私にあまり話してくれませんでした。そうすることによって、もし誰かが私に何か尋ねたとしても、私は本当に「知らない」と答えられたからです。彼は私を守りたかったのです。

私たちが、ハフマン・ストリートの「ショットガン・ハウス（散弾銃の家）」と呼ばれていたところに住んでいた時に開いた会合のことを覚えています。この家の中では、弾を一発撃ったとすると、部屋と部屋がそれぞれ隣同士に一列に並んで建ててあったため、弾が家中を撃ち抜いてしまうようになっていました。

その日の集会は、私たちの家で持った初めての会合で、居間で行なわれました。トランプ台ほどの小さなテーブルがあり、彼らはその周りに座っていました。私はこの時、少人数の人たちがあれほど沢山の拳銃を持っているのを初めて目にしました。テーブルは拳銃でいっぱいになってしまいました。何か軽食か飲み物を出すことさえ考えもしませんでした。しかし、テーブルが拳銃でいっぱいになってしまっていたのですから、飲食物をどこに置いたらよかったというのでしょうか。いずれにしても、誰も食べ物のことなど考えておりませんでした。

私は裏口のところに座り、足を踏み段の一番上に置き、頭を膝の上にうなだれ、会合の間ずっと動きませんでした。ただそこに座っていました。家の中には男性が六人くらいいました。私は、彼らのことをたぶん知っていたのでしょうが、その人たちが誰だったのか思い出せません。

会合が終わると、夫が私の肩をつかんで床から引き上げるようにしてくれたのを覚えています。肉体的傷害や死を恐れながらでなければ、黒人の男たちは会合ができないという事実に対し、私は本当にひどく落ちこんでいました。また、自分が子供の頃、クー・クラックス・クランたちが襲撃にやってくるのを祖父が待ち構えていた時のことを思い出していました。

こういう会合には、女性は絶対に出席しませんでした。男性が女性を締めだしたのではないようです。ただただ危険だからだったのです。夫がよく話題にした女性がいました（彼は彼女のことを「キャプトラ」と呼んでいました）。その女性は、何らかの形でグループにかかわっていたようでしたが、会合には出ませんでした。

あの頃は、もし会合をしているということが人に知れようものなら、すぐに一掃されてしまったのですから、男性でさえも、それほど活動家がいませんでした。しかし、私はパークスの妻であることを苦にしたことはありませんでした。彼は、私たちが結婚する前から同じことをしていたのであり、私はそれがいかに危険か知っていました。

彼らに協力していた白人女性が一人いました。この女性は私たちの家に来ることはありませんでしたが、パークスと私は彼女の家に一度行ったことがありました。彼女はパークスと彼の仲間たちが必要な時にお金を工面してくれました。それ以外の時は、弁護士に支払うために、皆五セント硬貨でも十セント硬貨でも、集められるものは何でも集めていました。

しばらくして、私たちはハフマン・ストリートからサウスユニオン・ストリートに移り、デクスター・アベニュー浸礼派教会の役員をしていたキング・ケリー氏のところに同居しました。

ケリー氏と夫人は、パークスがやっていたような活動には大反対でした。ケリー氏は、モンゴメリーの男性衣類専門店であるキャピトル衣服店に、さまざまな職業を経験した者としてはかなり長い間勤めていましたので、仕事を失うことを恐れていたのでしょう。ですから、パークスはケリー宅では会合を持ちませんでした。

警官とのやりとり

スコッツボロー事件がすべての新聞に報道されるようになると、警察は人びとを脅そうと目を光らせていました。彼らは、深夜の会合をしている人たちがどこにいるのか、誰がやっているのか、調べようとしていたのです。

ある夜、オートバイに乗った警官が二人、家の前を通り過ぎて行きました。私は表玄関のところにあるブランコに座っていました。ケリー氏も玄関のところにいました。私は、二、三日前、パークスのグループと関係のある人でパークスもよく知っている男の人を二人、警察がどのように殺したか話しつづけていました。夫がそういう人たちと一緒に会合をしに出て行く度に、私はいつも「生きて帰ってきてくれるだろうか、殺されはしないだろうか」と心配したものでした。

その夜、玄関のブランコに座っていると、オートバイに乗った二人の警官は、同じブロックを行ったり来たりしていました。行ってしまったかと思うと、また引き返してくるのでした。私は恐ろしさのあまり、震えていました。後になってケリー氏が「ローザが座っている間、ブランコが振動しているのがわかった」と言っていました。私はブランコが振動するほどふるえているなどとは、自分でも気がつきませんでした。

パークスが帰宅した時、彼は警官が外にいることを知っていました。ですから、いつものように表玄関から入ってくる代わりに、裏から入ってきたのです。私たちが住んでいたところにはベインブリッジ・ストリートに抜ける細い路地があったのですが、夫はその路地を抜けて裏から入ってきたのです。気がついたら、夫はもう家の中にいましたので、気がずっと楽になりました。少なくともその時は夫が捕まらなかったのですから……。

ケリー氏のところに同居している間に、ある出来事が起こりましたが、私はそのことを夫にさえ話しませんでした。

ケリー一家と列車の駅に行った時のことです。ケリー氏と娘さんとその子供二人と一緒で、列車に乗る娘さんたちを見送りに行ったのですが、私は皆よりちょっと後ろを歩いていました。列車のほうに向かって歩いていくと、警官が私に近づいてきて切符を持っているかどうか尋ねました。私は「持っていない」と答えました。すると警官は、私を柵の反対側に押し戻しながら、「切符を持っていないのなら、中には入れないぞ」と言いました。彼は棍棒と拳銃を持っていたのを知っていましたので、私はなす術もなく、ただ引き下がりました。このことで、私はとても気分を害しました。それよりもっと気分を害したのは、そこに二十代前半の私と同い年くらいの若い黒人女性がもう一人いたことでした。彼女はその警官の知り合いだったに違いありません。なぜなら、「私、中に入るわよ」と言いながら、警官に戯れている様子だったからです。警官のほうは、「だめだ、入ったらいけないよ」と言い、彼女のほうに棍棒を振るような格好をしました。彼女は笑っていました。それで私はさらに気分を害しました。彼女は警官とむしろ親しい仲のように見えたからです。

彼女は女性として、特に黒人の女性としての自尊心を欠いているように私には見えました。警官が私に失礼な扱いをするのを彼女は見ていました。警官の彼女に対する扱い方もやはり尊厳を欠くものでした。しかし、彼女はそれをただ笑っていたのです。

ケリー氏が戻ってきて、なぜ彼らと一緒に来なかったのか尋ねました。私はただ「警官が中に入れてくれなかったのです」と言うだけで、何があったか話しませんでした。

夫にもこのことは話しませんでした。きっと彼も気分を大変悪くすることだろうと思ったからです。

5 選挙権獲得のために闘う

スコッツボローの少年たちが死刑を免れたあと、パークスは、私たちが出会う以前から興味を抱いていた選挙登録運動にかかわり始めました。彼は、選挙登録していた黒人があまりに少なかったことに対し、とてもがっかりしていました。

選挙権はアメリカ人にとって大変重要なものです。私たちは、政治の分野で自分たちを代表してくれる人に票を投じます。もしこの人たちのやり方が気に入らなければ、他の人に投票することができます。しかし当時、南部のほとんどの黒人は、投票することができませんでした。人種隔離主義者たちが黒人の投票を大変困難にしていたからです。

黒人が選挙人名簿に登録するには、白人を保証人に立てなければなりませんでした。ですから、白人に気に入られていた一握りの黒人は、選挙登録をしていましたが、自分たちがいったん選挙登録すると、他の黒人が同じことをするのを嫌がりました。たぶん、白人に保証人になってもらい、選挙人名簿に登録することが認められると、自分が他の黒人とは違ったレベルにあるような気分になったからでしょう。彼らは、パークスとその仲間に、選挙登録のことなど心配せず、自分のことだけやっていればいいのだと言いました。

当時はこんなものでした。ほとんどの黒人はビクビクしており、白人に気に入られている黒人は自分の特別な地位を失いたくないと思っていました。残りの黒人は、なす術は何もないと思っていました。一九五五年のモンゴメリーのバス・ボイコット運動まで、大勢の人が参加するような民衆と活動家の公民権運動というのは、本当に存在しなかったのです。それまでは、ほんの少人数の活動家がいるだけで、もちろん彼らは白人からは好かれていませんでした。

私の夫は、長い間努力したのですが、アラバマ州では一度も選挙人名簿に登録することができませんでした。白人の知り合いが保証人になってくれると言っても、夫は彼らと一緒に行こうとしませんでした。自分の力で選挙登録したかったからです。夫が初めて選挙登録できたのは、それから数年後、ミシガン州のデトロイトに住むようになってからでした。

選挙登録の日

私たちは、一九四〇年代にモンゴメリーで、自称「選挙人同盟」を結成しました。このグループのメンバーは、お互いにそれぞれの家で小さな会合を持ちました（私たちの家に集まるのがほとんどでしたが……）。

私は、モンゴメリーで選挙登録していた黒人の名簿を持っていました。この名簿には黒人が三十一名登録されていたのですが、そのうちの何人かはすでに墓に眠っていました。この人たちは亡くなっていたにもかかわらず、名前が名簿に残っていたのです。ですから、実際に名簿にのっていた黒人の数はかなり少なく、エドガー・ダニエル・ニクソン氏が選挙登録上の障害をなくそうとするまでは、あまり大きな成果を得ることができませんでした。

E・D・ニクソン氏は、モンゴメリーの中で最も活発に運動していた黒人の一人でした。彼は、鉄道の寝台車係をしており、A・フィリップ・ダンドルフ氏が創立した黒人鉄道労働者の組合「寝台車係の兄弟連盟」の地方支局長をしていました。ニクソン氏は、一九二〇年代に、この労働組合のモンゴメリー支局を設立しました。

私が一九四一年に初めてニクソン氏に会った時、彼は全国黒人向上協会（NAACP）のモンゴメリー支局長をしていました。まるで真っ直ぐに飛ぶ矢のように実直に振る舞う人で、堂々として威厳のある人でした。

黒人を選挙人名簿に登録させるために、ニクソン氏は、アーサー・P・マディソンという名の黒人弁護士の助けを得ました。この弁護士は、アラバマ州の出身で、ニューヨーク市内で弁護士の仕事をしていました。マディソン氏は、モンゴメリーにしばらく滞在し、かなり大勢の人に選挙登録について指導してくれました。

彼は、白人が保証人になることを認め一緒に選挙登録事務所に行ってくれるのを待っている必要はない、と言いました。また、私たちが受けなければならない読み書きの能力テストのことも教えてくれました。これは、読み書きができ、アメリカ合衆国憲法を理解できるかどうかをテストするものでした。マディソン氏は、私たちに協力しようとしたために逮捕され、投獄されました。そして、その後、ニューヨークに戻りました。

私は選挙登録することに決めました。最初に登録を試みたのは一九四三年でした。登録事務所のほうでは、いつも、ある一定の時間に登録を受け付けましたので、それが何時に行なわれるのか知らないとチャンスを逸してしまいます。これに関する公的な発表はありませんでしたので、登録事務所に電話して調べなければなりません。

登録事務所のほうでは、黒人が働いていて来られない水曜の朝十時から正午まで登録を受け付けることに決めたり、といった具合でした。もし、登録に行くために仕事を休んだからといって、登録できるとは限りません。正午になると、人がどんなに大勢並んでいようとも、ドアを閉めてしまったからです。これはすべて、黒人が選挙登録できないようにするためでした。

たとえ事務所の中に入れたとしても、登録できるとは限りません。昔は、登録するためには地所を持っていなければなりませんでしたが、私が登録しようとした頃は、「地所を持っていなくてはなりませんが、もし質問に正しく答えて試験に合格したならば、地所を持っている必要はありません」ということでした。つまり、地所を持っているか、試験に合格するか、どちらかが必要だったのです。

一九四三年に選挙登録日として選ばれた最初の日は、私は仕事があり行けませんでした。ニクソン氏とマディソン氏（彼も一緒だったに違いありません）は、この情報を黒人の間に広めました。ですから、裁判所の周りには選挙登録しようと待っている黒人の長い列ができました。私の母といとこもその列に並びました。母たちはその後、他の大勢の人たちと同じく、選挙人証書を郵便で受け取りました。黒人には証書が郵送されたのですが、白人は試験終了の直後にもらうことができました。

初めての選挙投票

翌日、私は休みでしたので、登録をするために試験を受けに行きました。しかし、証書は郵送されてきませんでした。

二回目に登録を試みた時は、登録を拒まれました。ただ「あなたは合格しませんでした」と言われただけでした。登録受付け人はその理由を言う必要がなかったのです。私は試験に合格したと思ったのですが、実際にそれを確かめる手立てはありませんでした。「合格しなかった」と言われたら、それ以上何もすることはできません。登録受付け人は、何でも好きなようにできたのです。

私は絶対に合格したと思いました。ですから、三回目に試験を受けたときは、二十一問の答えの写しをとっておきました。自分の手で答えを書き写したのです。その写しをとっておいて、選挙登録委員会を訴えようと思っていました。しかし、証書を郵便で受け取りました。これで私は、やっと登録済みの選挙人となることができました。次にやらなければならなかったのは、たまっていた選挙人の人頭税を払うことでした。

この人頭税は年間一ドル五十セントで、選挙登録した者は、皆払わなければなりませんでした。しかし、（二十一歳まで）前にさかのぼって税金を払わなければならなかったのは、ほとんど黒人ばかりでした。白人の選挙権は否定していませんでしたので、二十一歳（当時は十八歳ではありませんでした）になれば選挙登録でき、以後毎年一ドル五十セント払えばよかったのです。もっと年をとっていた場合は、二十一歳までさかのぼって税金を払わなければなりませんでした。

私は一九四五年に三十二歳で選挙登録しました。ですから、二十一歳から三十二歳の間の十一年分の税金を支払わなければなりませんでした。当時、十六ドル五十セントというのは大金でした。

もし選挙登録委員会の人たちを相手どって訴訟を起こしたとしたら、弁護士を立てなければなりません。

モンゴメリーには、当初、黒人の弁護士は一人もいませんでした。実際、あの頃アラバマ州で開業していた黒人弁護士というのは、ほんの数人きりで、私たちが必要な時に相談できた弁護士はバーミンハムのアーサー・D・ショアズ氏しかいませんでした。ショアズ氏は、時どきモンゴメリーにやってきました。彼は、ウィリアム・P・ミッチェル氏とメイコン郡で選挙登録したがっていた人たちの弁護人をしたということを私は知っていました。

しかし、この頃までには、アーサー・A・マディソン氏の助けが得られるようになっていました。私はニクソン氏とマディソン弁護士とで選挙登録事務所に行ったのを覚えていますが、その時は選挙登録できたので、訴訟を起こす必要はありませんでした。

私は、初めて投票した州知事選挙のことを覚えています。私は、ジム・フォルソムに投票しました。彼は、ハンディ・エリスという名の大変保守的で人種差別主義の人物の対立候補者でした。不快な出来事はまったく起こらず、こんなに単純で平凡なことをするために、ずいぶん苦労したものだと思いました。

意地悪な運転手

ところで、二回目に選挙登録しようとした頃、私は初めてモンゴメリー市のバスから降ろされる経験をしました。規則に従わなかったからです。

黒人には、従わなければならない特別な規則がありました。運転手の中には、黒人乗客に前で運賃を払わせ、また降りてバスの後ろのドアに回って乗車させる者がいたのです。よく、黒人乗客が後ろのドアに回る前に、彼らを待たずにバスが出発してしまうことがありました。

モンゴメリーのバス一台には三十六席ありました。前方の十席は、たとえ白人がいなくても、白人用に指定されていました。後ろの十席に関しては、規則で決まっていたわけではないのですが、黒人専用であるとの無言の了解がなされていました。黒人は、バスの後部に座るよう義務づけられており、たとえ前方の席が空いていたとしても、そこに座ることができませんでした。後部座席が全部一杯になってしまった時は、黒人乗客は立っていなければなりませんでした。白人乗客が前の席をいっぱいにしてしまった場合、運転手の中には、黒人に後ろのセクションの席を譲るよう命令する者もいました。

真ん中の十六席をどのように調整するかは、運転手次第でした。彼らは拳銃を携帯しており、バスで人種隔離の規則を施行したり、席を調整したり、いうなれば警察的権限を持っていたのです。運転手の中には、意地悪な者もいました。運転手全員が憎むべき人間だったわけではありません。人種隔離自体が大変悪意に満ちたものなのであり、私の考えでは、人種隔離をまともで快適で容認できるものにするということは、まったく不可能でした。

私をバスから降ろしたのは、大変意地悪な運転手でした。長身で肥ってており、人を威嚇するような体つきをしていました。肌は荒れた感じで、口のそばにホクロがありました。この運転手は、黒人には誰にでもひどい扱いをしました。私は、以前もこの運転手のバスに乗ったことがありました。その時は、若い黒人女性が前方から乗車し、そのまま後部のほうに進もうとしたのに、彼女をバスから降ろさせ、後ろのドアに回らせたのを覚えています。

一九四三年の冬のある日のことでした。やってきたバスは、後部は黒人でいっぱいでした。後ろのドアの階段のところにも黒人乗客が立っているありさまでした。ですから、私は前から乗り、そのまま立っている乗客の人をかき分けて後方に行きました。

前のほうを見ると、この運転手がそこに立って私をにらんでいるのです。彼は、私にバスから降りるように言いました。そして、後ろのドアに回ってバスに乗り直すように言いました。私はすでにバスに乗っているのだから、わざわざ降りて乗り直すことはないではないか、と運転手に言いました。

後ろのドアの階段まで人がいっぱい立っている時に、どのようにして押し込んで乗れというのでしょうか。すると運転手は、後ろのドアから乗れないのなら、バスを降りるしかないと言いました。この時、彼は「私のバス」と言っていました。運転手は私のところに来て、コートの袖をつかみました。腕ではなく、ただ袖をつかんだのです。

運転手は拳銃を取り出すことはありませんでした。私は抵抗していませんでしたので、拳銃を使うほどではなかったのです。私はただ言われた通りバスを降りて後ろに回らなかっただけでした。運転手が私のコートをつかんだ後、私はバスの前方に行きました。その時、ハンドバッグを落としたのですが、かがんでバッグを拾い上げる代わりに、前列席に腰掛け、座った位置からハンドバッグを拾い上げました。

運転手は私をじっと監視しており「私のバスから降りろ」と言いました。私は「降りますよ」と言いました。運転手が今にも殴りそうに見えたので、私は「一つだけ言っておきますが、私を殴らないほうがいいですよ」と告げました。運転手は私を殴りはしませんでした。私がバスから降りると、バスの後ろのほうから「どうして後ろに回って乗らないんだろう」というつぶやきが聞こえました。

たぶん黒人乗客は、早く家に帰りたかったので、またずっと立ち続けていて疲れていたので、嫌気がさしていたのでしょう。私が前方に行ってバスから降りようとした時、「後ろに回って乗車すべきだ」と、彼らがぶつぶつ文句を言っていたのを知っています。彼らは、他の黒人と同じようにしない黒人がいると、なぜそうしないのかいつも不思議がっていました。一九四〇年代のあの頃は、抵抗もせずただ耐えているような時代だったのです。

私は、あのバスには、後ろのドアから再び乗車しませんでした。仕事の帰りで、次の運転手に渡す乗り換え用の切符をすでにもらっていました。私はあの運転手のバスには二度と乗りたくないと思いました。ですから、あれ以来、バスに乗る前には必ず誰が運転しているかをよく確かめるようにしました。あの意地悪な運転手とは二度といざこざを起こしたくないと思ったのです。

6 全国黒人向上協会の書記に

バスから降ろされるようなことがあった頃、私はすでに全国黒人向上協会（NAACP）の会員になっていました。これは、民主主義を信じる黒人と白人の小さなグループにより設立された、ニューヨークに本部をもつ組織です。

エイブラハム・リンカーン大統領の誕生日を記念して、一九〇九年二月十二日を創立日に選びました。同協会は、人種偏見、リンチ、残虐行為、教育の不平等に反対する目的で結成されました。

一九四〇年代初期は、アラバマ州には支部が数少なく、モンゴメリー、バーミンハム、モービルにあるだけでした。夫のパークスは、モンゴメリー支部の会員でしたが、私が会員になることはあまり勧めませんでした。とても危険だったからです。モンゴメリー支部の全国黒人向上協会会員は、活動家であるということへの報復を覚悟しなければなりませんでした。

私は、ホワイト先生の学校でクラスメートだったジョニー・カーの写真が「アラバマ・トリビューン」紙に載っているのを見るまで、女性が会員として活動しているとは知りませんでした。彼女は協会の紅一点で、支部には青年部もありませんでした。「アラバマ・トリビューン」紙の記事には、ジョニーは全国黒人向上協会のモンゴメリー支部で活動しているとありました。確か、彼女は書記をしていたのだと思います。そこで私は、ジョニーとばったり会えるかもしれないので、いつか協会に行ってみようと思いました。

一九四三年十二月、協会で役員を選出する年次集会が行なわれるというので、私はそれに出席しました。その日は、ジョニーは集会に来ておらず、男性が十二人から十五人くらいいるだけでした。私は会費を払いました。それから、役員選挙が行なわれました。私はその場の紅一点でした。書記が必要とのことだったのですが、私は臆病すぎて、それを断わることができませんでした。とにかく議事進行の記録をとりだしました。こうして私は書記に選出されたというわけです。報酬はありませんでしたが、仕事はとても楽しく、パークスも私が協会で活動するのに協力してくれました。

一九三〇年代もしくはそれ以前から四〇年代後半にかけて、私は公民権運動に携わっている女性のことをあまり知りませんでした。もちろん、私自身も、どちらかというと若かったため、それほど活動に携わっていませんでした。

しかし、一九四〇年代後半、そしてさらに五〇～六〇年代になると、女性はもっと自分の意見を述べるようになり、ずっと活発になりました。より多くの人が選挙登録しようとするようになり、選挙人集会にも行くようになりました。

私が全国黒人向上協会に入会し、書記になった頃、協会の集会に出席した女性といえば、私とジョニー・カーの二人きりでした。会長はE・D・ニクソン氏でしたが、たまにニクソン氏の夫人も集会にやってきました。しかし夫人は、ニクソン氏がいつもそこにいたので集会に興味を持ちつづけていただけだったように思います。

私がニクソン氏に記事を渡そうとしたり、手紙を出したり、集会に行ったり、一生懸命仕事をしていると、ニクソン氏は笑って、「女の人は台所にいさえすればいいんだ」と言ったものでした。「では、私の場合はどうなのですか」とたずねると、ニクソン氏は「しかし、私には秘書が必要だし、君はとてもいい秘書だからね」と答えたものでした。ニクソン氏は、私の仕事をいつもほめてくれ、仕事を続けるよう激励してくれました。

書記の仕事

モンゴメリーの全国黒人向上協会のメンバーは、ほとんどが黒人でした。白人が入会しようと思ったら、かなりの勇気がいりました。白人社会から爪弾き（つまはじ）にされたからです。黒人を助けようとすることは、黒人にとっても、白人にとっても、危険なことだったのです。私たちは、北部の白人からずいぶん助けを得たものでした。

スコッツボロー事件の少年の一人アンディ・ライトが、アラバマ州を出たことにより仮釈放の宣誓を破ってしまった時のことを覚えています。彼はテネシー州に住む母親を訪ねて行ったのだと思います。一九四六年八月に再逮捕されたのですが、仮釈放評議員会は一九四七年六月まで彼を自由の身にしようとしませんでした。その後、彼は再び逮捕され投獄されました。そして、再び仮釈放されました。

アンディ・ライトを弁護する委員会に、ゼノビア・ジョンソン夫人がいました。彼女は黒人で、夫婦してアラバマ州立大学の食堂の責任者をしていました（アラバマ州立大学といえば、私は高校時代にそこの実験学校に通ったものです）。ジョンソン夫人は、W・G・ポーター氏、J・E・ピアス教授、E・D・ニクソン氏、そして私の四人と一緒に、アンディの弁護委員会を結成したのです。私たちは、アンディ・ライトを助けるために、白人だけでなる仮釈放評議員会の人たちと会いました。

　仮釈放評議員会のある女性が、アンディと他のスコッツボロー事件の少年たちは、彼らに同情する北部の人たちからお金をもらっていたため、刑務所の中ではひどい扱いを受けていないということをほのめかしました。この女性は、少年たちが「甘やかされている」と言いました。

　弁護委員会は、スコッツボロー事件の少年たちは不当に投獄されたこと、そして、もし自由の身であったならば、「甘やかされる」という言葉を使われる必要がないことを主張しつづけました。そして、仮釈放評議員会は、アンディの仮釈放に対し賛成投票をしたのでした。全国黒人向上協会の私たちの支部は、アンディがトラック運転手の仕事を得られるように協力しました。そして、その後も連絡をとりつづけました。

　私は全国黒人向上協会の書記として、会費の支払いを記録し、それを本部に送ったり、電話の応答をしたり、手紙を書いたり、新聞社にプレス・リリースを送ったりしました。私の主な役割の一つに、人種偏見や不当な扱い、または黒人に対する暴力、といった事例を記録にとっておく仕事がありました。

強姦事件の結果

記録すべきケースは本当に沢山ありました。私の父と父の家族の出身地であるアラバマ州アベビルの事件のことを覚えています。

一九四四年九月三日、黒人女性のレシー・テイラー夫人は、教会から家に帰る途中、ナイフと銃を突きつけられ、車に無理やり乗せられ、誘拐されました。そして、服を脱がされ、白人の男ら六人に強姦されたのです。ヘンリー郡の大陪審は、誘拐の車を運転していた男が罪を告白し、共犯者の名前を挙げたにもかかわらず、その六人の白人男性を起訴することを拒みました。

黒人も白人も、大勢の人がこのことに憤慨していました。中には、テイラー夫人に平等の公正さが与えられるよう、委員会を結成した人たちもいました。この委員会の白人秘書カロライン・ベリン夫人は、テイラー夫人を助けようと、モンゴメリーの全国黒人向上協会にやってきました。アベビルには協会の支部がなかったからです。あれは一九四五年の夏のことでした。

私たちが手助けしようとしても、できることはあまりありませんでした。ベリン夫人は、アベビルのテイラー夫人の家を訪ねようとしました。しかし、保安官はベリン夫人を手荒く扱い、黒人街に近づかないように命じました。全国黒人向上協会とこの委員会は、チョーンシー・スパークス知事にこの事件を調査するための特別大陪審を招集させる大仕事を成し遂げました。しかし、この特別大陪審も、男たちを起訴することを拒んだのです。

もちろん、反対のケースもありました。もし白人女性が強姦されたと黒人の男を訴えたならば、のことです。この場合は、白人女性のせいで黒人の若者が苦しむのです。私は、かわいそうなジェレマイヤ・リーブスのことを覚えています。彼は、まだ十代の若者で配達員をしていました。白人の婦人がよく彼を家の中に入れていたのですが(二人は情事をおこしていたのです)、人びとはそのことに気がつき始めました。ある日、近所の人か誰かが、窓からこの二人が服を脱いでいるところをのぞき見してしまったのです。婦人は誰かが見ていることを察するや否(いな)や、強姦だと叫び始めました。警察がやってきて若者を捕らえました。彼は十七、八歳でした。

この若者の母親が、この事件を全国黒人向上協会に持ち込みました。それから、何年もの間、私たちはこの事件に苦戦しました。私は、クリッテンデン服飾店で働いており、この事件について、友人であり同僚だったバーサ・バトラーと話し合ったのを覚えています。私は言いました。

「本当に、あの女性がどこに住んでいるかわかっていたら、そこに行って彼女が本当のことを話してくれるかどうか確かめてみるのだけど……。もし誰か一緒に行ってくれたらね……」

　バーサは、「あなたね、お母さんもご主人も、そこに行くことを許してなんかくれないことは、わかってるでしょう」と言いました。

　しかし、私は一緒に行ってくれる人を見つけられたら、危険をおかす覚悟でいました。

　ジェレマイヤ・リーブスが強姦したと訴えるその女性の証言以外、ジェレマイヤの不利になることは証拠として何もありませんでした。私は、この女性が嘘をついたということを証拠づける手立てを見つけようとしましたが、結局見つかりませんでした。

　ジェレマイヤは何年も死刑者名簿に載ったままでした。彼はよく詩を書いていました。そのうちのいくつかが出版されました。私もそれを読み、大切にとっておきました。彼は詩を沢山書いていました。

　ジェレマイヤの母親は、若い頃とても美人で、私には女優のように見えました。彼女の結婚前の名は、コーネラ・スノウといいました。彼女は結婚し、子供を何人かもうけました。ジェレマイヤは一番上の子供でした。

全国黒人向上協会モンゴメリー支部の私たちは、ジェレマイヤ・リーブスのために何年も努力したのですが、彼を救うことはできませんでした。彼は、二十一歳になるまで死刑者名簿に載っており、それから処刑されてしまったのです。彼が死ななければならなかったのは悲劇でした。こうして私たちの努力が全部むなしく終わってばかりいるように感じると、闘いつづけるのが時どき困難に思われることがありました。

もちろん、白人女性が自分を守るために強姦されたと叫んだりしないことも、たまにありました。ある日刊新聞で、アラバマ州南部で起きた事件のことを読んだのを覚えています。この事件にかかわったのは、九歳の男の子を持つ白人未亡人でした。

この白人女性には、よく遊びに来る黒人の男友達がおりました。その男には家族がありましたので、家の中に入れることはしませんでした。彼女は車庫に部屋を作り、寝室のように模様替えしました。男がやってくると、二人はそこで時を過ごしました。誰かがこれを怪しいと思うようになったのでしょう。なぜなら、その日、男が訪問中に、警官がやってきて二人を見つけたからです。白人女性はそれを強姦だと言おうとはせず、二人が不倫していたことを認めただけでした。彼女は、男に手をかけさせようとしませんでしたので、警官は彼女を逮捕しました。白人と黒人が情事をおこしたり、結婚したりする「人種混交」は法律で禁じられていたのです。

黒人の男は、彼女が与えられるだけのお金を持って、街を出ました。この女性は裕福だったのです。彼女のほうは街に留まり、村八分にされました。それから後、私は彼女が自殺したという記事を読みました。

証言の困難さ

黒人に対する白人の暴力事件では、それに関して知っていることを人びとに証言させるのはひどく難しいことでした。私がかつてインタビューしようとしたアラバマ州ユニオンスプリングの黒人牧師のことを覚えています。

ある白人の男性が、自分とトマスという名の黒人の男が、ある黒人女性と三角関係にあることを知りました。そして、この黒人の男を銃で撃ったのですが、それをこの牧師が目撃したのです。そして、彼はただ逃げてしまいました。人びとの話では、彼は一目散にモンゴメリーへ向かったとのことでした。

モンゴメリーに到着した時、彼は私の夫と話をしました。夫は「ローザがあなたと話したいそうです」と言いました。私はペンと紙を用意し、彼の証言を筆記しようとしたのですが、彼は最後まで証言してくれませんでした。おびえているということを認めず、家族を残して旅をしている途中であり、考えることが沢山あるから、とだけ言っていました。

殺人を犯した人間を何らかの罪で告訴するためには、たった一人でも、その事件の目撃者の証言をとる必要があったのです。しかし、この牧師は、証言しようとも口述させようともせず（または、できず）におりました。もし、少なくとも証言がとれたなら、私たちはそれを公証人に公証してもらい、ワシントンDCの法務省に送ることができたのですが、牧師はそうしようとしてくれませんでした。

夫は、この牧師が私に話をしようとしなかったので、怒りました。私は、「あまり彼に厳しくしないでちょうだい」と言いました。それは、とても困難なことでした。人びとは、誰かを告発するために、好んで自分の生活を犠牲にしようとは思わなかったのです。

これに似た事件がもう一つありました。この事件にかかわったのは、エルモア・ボーリングという名のかなり裕福な黒人の男でした。彼は、荷台の長いトラックを持っており、よく家畜を運んでいました。彼が家畜を乗せて道を運転して食肉処理場に向かうのをよく見かけたものです。

この事件では、白人の男が彼を殺したのです。しかも、もう一つの事件と同じ理由からです。白人の男は、エルモア・ボーリングが自分の妻を電話で侮辱したからだと言い、正当防衛を申し立てました。しかし、本当の理由は、この白人は黒人女性と不倫しており、その女性がエルモア・ボーリングと一緒のところを発見したからでした。

私は、こういった事件のすべてについての記録を持っていましたが、今は自分の手元にありません。私はいつも全国黒人向上協会の事務所に行っていましたので、協会に記録を保管していました。それから後、ニクソン氏が自分の地所の中に持っていた小さな建物に保管していたのですが、誰かが間違って捨ててしまったのです。これでかなりの歴史が失われてしまいました。

私たちは、本当に多くの事件について記録をとっていました。しかし、公正な結果を得るのに成功したケースはあまりありませんでした。むしろ、権力に挑戦し、私たちは二流市民として扱われつづけるのを望まないということを世に知らしめることが、より重要な課題だったのです。

7 悪化する白人の暴力

第二次世界大戦後の一九四〇年代後半になると、黒人に対する暴力事件が一層増えました。軍隊での任務を果たした黒人兵士たちが帰還してきたのですが、彼らは、国のために働いたのだからと、まるで同等の権利をもっているかのように思っていました。

弟のシルベスターも、一九四〇年代初頭に徴兵され、ヨーロッパと太平洋諸国の両方で従軍しました。当時、軍隊は人種が隔離されており、黒人兵士は、たいてい兵器の管理や重症者の看護といったあまり人が好まないような仕事につかされたものでした。また、黒人兵士はなかなか昇格させてもらえませんでした。つまり、人種偏見の強い白人に支配されていた軍隊では、お決まりのやり方がなされていたのです。

しかし、イギリスやフランスの国民は、黒人兵士を温かく迎えてくれました。黒人兵士の多くは、白人のガールフレンドをつくり、中にはイギリス人やフランス人やイタリア人の女性と結婚した者さえいました。兵士は、自分たちが自由のために戦っていることに感謝されているのを感じました。

シルベスターが戦争から帰還し、人種隔離が合法的に行なわれている南部に強制的に戻された時、彼はそれに慣れるのは難しいと感じました。しかし、状況的には少々悪化しているかもしれないということ以外は何も変わっていない現実について、あまり考えようとしませんでした。

黒人の第二次世界大戦復員軍人の多くは、帰還後、選挙登録しようとしましたが、できませんでした。彼らは、以前よりひどい扱いを受けていることに気づきました。軍服姿の時は、特にそうでした。白人は、物事は以前と同じ状態であり続けるべきだと思っており、黒人の復員軍人は生意気になりすぎたと感じていたのです。

弟も、そんな扱いには、もうそれ以上耐えられないと感じた一人でした。しかも、モンゴメリーで仕事を見つけることができませんでした。弟は、誰にも世話になりたくないと思い、自分の家族を連れて、ミシガン州のデトロイトに引っ越しました。

暴力と憎悪に圧倒されて

一九四九年には、どういうわけか、事件がいくつも起こりました。その中の一つを特によく覚えています。

ニュージャージー州のニューアークからティーンエイジャーが二人やってきました。エドウィナ・ジョンソン（十六歳）とマーシャル・ジョンソン（十五歳）という姉弟でした。二人は、モンゴメリーに観光にやってきたのですが、バスに適用されている人種隔離法のことを誰も二人に教えなかったのです。二人はバスに乗ると、白人用の席に座りました。運転手のS・T・ロックは、拳銃を抜き、二人をバスから降ろしました。そして、警察に通報したに違いありません。二人は逮捕され、二日間留置場に入れられたのです。

あれは、一九四九年七月のことでした。ワイリー・C・ヒル裁判官は、二人が二十一歳になるまで少年院に入れようとしましたが、確か、全国黒人向上協会（NAACP）の人たちが何とかして二人に弁護士をつけたのだと思います。罰金だけで済ませることができました。

黒人に対する暴力事件は、アラバマ州のみならず、いたるところで起きていました。サウスカロライナ州での事件のことを覚えています。アイザック・ウダードという名の黒人は、サウスカロライナの軍隊を除隊になり、バスに乗ったところ、白人の男に頭を殴られ失明させられてしまいました。白人の男の名前はショアといいました。全員白人からなる陪審団は、たったの十五分の審議の後、ショアを無罪釈放しました。

ショアの弁護士は、陪審員たちにこう言いました。

「もしショアに対し不利な判決を下すならば、サウスカロライナ州を再びユニオンから脱退させろ」

つまり、南北戦争前にサウスカロライナがユニオンを脱退した史実の話をしたのでした〔アメリカ合衆国（the United States）は、南北戦争当時ユニオン（the Union）と呼ばれていた〕。

一九四九年というのは、とてもひどい年だったのを覚えています。起こったことは、新聞で報道されなかったため、ほとんどの人が耳にしませんでした。時に、私は暴力と憎悪のひどさに圧倒されるのを感じました。しかし、闘いつづける以外、ほかに手立てがありませんでした。

その頃までに私は、全国黒人向上協会内の年配者のための年長部(シニア)の書記と、同協会の青年委員会の顧問になっていました。私は、若い人たちと一緒に活動するのはとても楽しいことだと思いました。青年委員会の中では、高校生が一番大きなグループをなしていました。私たちが行なった企画の一つとして、委員会の青年たちに、街のはずれにある黒人用の小さな図書館に行く代わりに、中央図書館に行って本を借り出すようにさせたことがありました。

黒人用の図書館には、本があまりありませんでした。そこにない本を借りたい学生は、黒人用図書館に頼んで中央図書館から取り寄せてもらわなければなりませんでした。そして、その学生は、また黒人用図書館にその本を取りに行かなければなりませんでした。全国黒人向上協会青年委員会のメンバーは、中央図書館に行き、遠くにある黒人用図書館に行くのは大変不便なので、中央図書館を使えるようにしてほしいと頼みました。メンバーは、何度も何度も繰り返し頼んだのですが、図書館のやり方を変えることはできませんでした。

E・D・ニクソン氏は、一九五〇年代初期にはすでに全国黒人向上協会のモンゴメリー支部長を辞任してはいましたが、相変わらず活発に協会の活動をしていました。氏は、「寝台車係の兄弟連盟」〔黒人鉄道労働者の組合〕の地方支局長をしていましたので、ダウンタウンにある組合事務所をよく自分の組織活動のために使っていました。

私はよくその事務所で、全国黒人向上協会でボランティアとしてやっていたのと同じようなことをして働きました。ニクソン氏は、自分が行くところではすべてにおいて私が彼の秘書である、と好んで言ったものでした。私は、電話や手紙の応対をし、ニクソン氏の助けを求めてやってきた人たちのさまざまな相談ごとをすべて記録にとどめました。私は、ソロン・クリッテンデン氏の店で仕立ての仕事をしていましたが、夕方仕事を終えると、たいてい事務所に行って、いくらか仕事をしました。ニクソン氏によくサンドイッチを持っていってあげたものでした。彼は、鉄道の仕事がないときは、たいてい事務所にいました。

人種偏見のないダー夫人

私をバージニア・ダー夫人に紹介してくれたのは、ニクソン氏でした。ダー夫人が彼の家に来たとき、氏は私をダー夫人に会わせようと迎えにきてくれました。ダー夫人は、バーミンハムで生まれ育った白人女性で、小さい頃から植えつけられた人種偏見をすべてぬぐい去ることのできた人でした。夫人と、弁護士をしていた夫のクリフォードは、黒人のために多くのことをしてくれました。そのせいで、白人の友達はあまりいませんでした。ダー夫人の親たちは人種隔離を信じていましたので、彼女に限って、あのようなタイプの人間だったのだろうと思います。

私は、一九五四年にダー夫人に出会いました。そして、私が縫い物ができることがわかると、ちょっとした仕事をするのに雇ってくれ、夫人の娘さんであるルーシーの花嫁衣装を用意するのを手伝わせてくれました。私はウェディングドレスは作りませんでしたが、他の衣装をこしらえました。その後は、ダー夫人が縫ってほしいというものは何でも縫いました。

夫人は、黒人と白人の祈りのグループを作っており、私もその一員になっていました。夫人の家で、黒人と白人の婦人たちが朝一緒に祈ったのですが、まもなく、このグループは、白人女性の夫や父親や兄弟に解散させられてしまいました。彼らは、この女性たちを離縁するという広告を新聞に掲載したのです。

私は、バージニアととても親しくなりました（彼女に雇われていた時、このファーストネームで呼んでほしいと言われていたのですが、当時はまだ「ミセス・ダー」と呼んでいました）。バージニアは、マサチューセッツの大学に行っていた頃、人種偏見を意識するようになったと話してくれました。

ある日、大学の食堂に行ったところ、自分が座ることになっていたテーブルに黒人の女の子がいたそうです。そして、その子の隣に座るのかどうか決めなければなりませんでした。彼女は、それまで黒人と肩を並べて座ったことがありませんでした。そこで、その黒人の女の子が他の学生と同じようにそこに座る権利があるという事実を受け入れるほうを選びました。その時決めたことを後悔したことは、今までに一度もないと言っていました。

その後結婚し、夫のダー氏とワシントンＤＣに住んでいたことがありました。ＤＣで氏は米国連邦通信委員会の委員をしていました。アラバマ州に戻るという話がでた時は、それを自分が望むかどうか決断しなければなりませんでした。なぜなら、夫妻は、人種隔離に対してアラバマ州に住む多くの白人と同じ考え方をもっていなかったからです。

アラバマ州を離れてから二十年たって帰郷することになると、彼女は、人種隔離をなくす苦労を黒人と分かち合いたいと思いました。それが、村八分にあったり、苦しめられたりすることを意味していたにもかかわらず、彼女はそれを望んだのでした。

私がダー夫人と出会った一九五四年、アメリカ合衆国最高裁は、かの有名な「ブラウン対トピカ教育委員会」裁判〔黒人のブラウンがカンザス州トピカの教育委員会を相手どって、〔公立学校における人種隔離は憲法違反であると訴えた裁判〕で、教育上の人種差別は憲法違反であるとの判決を下しました。全国黒人向上協会は一九二五年頃から何年もの間このために尽力してきました。協会は、「分離すれど平等」という教育上の考えをさまざまな角度から攻撃しました。なぜなら、南部の教育はどう見ても「分離されて不平等」だったからです。私は、自分自身の生い立ちからもそれを見てきました。

黒人教師の賃金

一九二〇〜三〇年代に、全国黒人向上協会は、黒人教師が平等の賃金をもらえるよう闘い始めました。私は、母がよく黒人教師は白人教師に比べて給料がずっと少ないということを話していたのを覚えています。母は、黒人教師の給料があまりにも低かったため、結局、モンゴメリー郡を後にすることになりました。全国黒人向上協会は、南部各地の黒人教師が平等の賃金をもらえるよう支援していたのです。

協会は、バーミンハムでも教師を支援しましたが、一九三八年から一九四五年まで七年もの長い月日がかかりました。つまり、多くの人に代わって提訴（いわゆる「クラス・アクション」）しようとした場合、他の人たちを代表する起訴人（原告）が必要でした。起訴人になるのは、かなり勇気のいることでした。自分の命を危険にさらす可能性があったからです。全国黒人向上協会は、やっとバーミンハムで起訴人を見つけたのですが、その後その人が軍隊に徴兵されてしまったため、かなり手続きが遅れてしまいました。最終的に、協会と教師たちは勝訴し、一九四五年秋から賃金の平等化が実施されました。

全国黒人向上協会が一九五一年に「ブラウン対トピカ教育委員会」裁判を起こす以前にも、アーカンソー、テキサス、ノースカロライナ、バージニア、ミシシッピーの各州で、初等および高等教育機関における教育の不平等を訴える訴訟が約十二件、全国黒人向上協会を含むさまざまな組織や団体によって提訴されました。

しかし、最高裁判決までいったのは、カンザス州のトピカで起きていた「ブラウン」裁判だけでした。全国黒人向上協会の弁護士であるチャールズ・ハミルトン・ヒューストン氏とサーグッド・マーシャル氏の二人がそれを可能にしたのです。マーシャル氏は、教育上の人種隔離が黒人の子供たちに悪影響をもたらすことを証言してもらうのに、ケネス・クラーク博士という社会学者を法廷に連れだすことさえしました。一九六〇年代に、このサーグッド・マーシャル氏は、黒人として初めての合衆国最高裁判事に就任しました。

一九五四年五月に最高裁判決が下されたとき、黒人と一部の白人の喜びようといったら信じられないくらい大変なものでした。最高裁の言い分は、「人種が隔離された教育は平等でありえない」ということでした。私たちの多くは、これと同じ考え方が公共の交通機関など他の分野にも適用されると思いました。

あれは、とても希望に満ちた時期でした。黒人たちは、人種隔離法を変える本当のチャンスがとうとうやってきたのだと信じました。

その頃、フレッド・グレイが弁護士として開業するためにモンゴメリーに帰ってきたのを覚えています。彼は、モンゴメリーで生まれ育ち、十二歳の時にクリスチャン・サイエンス派教会の牧師の道に入りました。しかし、聖職者として献身したからといって、黒人に対する偏見から逃れることはできませんでした。人種差別のせいで、彼は法律を学び学位を取るために北部に行かなければなりませんでした。そのまま北部に留まって、もう少し楽をすることもできたのでしょうが、黒人の権利を獲得する闘いを支援するため、帰郷することを選びました。

彼がモンゴメリーのダウンタウンに法律事務所を開き、弁護士の仕事を始めた時、私は本当にうれしく思いました。これで、法律について相談にのってくれる黒人弁護士が二人になりました。

もう一人の黒人弁護士は、チャールズ・ラングフォードといいました。フレッド・グレイが法律事務所を開く以前、私の長年の友達であったマハリア・アシュリー・ディッカーソンという名の黒人女性が法律事務所をやっていました。しかし、黒人社会から十分な支援が得られなかったため、モンゴメリーを去らなければならなくなりました。彼女は、三つ子の男の子を女手一つで育てていたのですが、生活できるだけの弁護士の仕事が得られなかったのです。

ハイランダーの講習会

「ブラウン対トピカ教育委員会」最高裁判決のあと、私たちは皆、次は何が起きるのか、成り行きを見守っていました。最高裁に課せられた次の課題は、学校での人種差別をどのように廃止していくかということでした。

この問題に関して一年後の一九五五年四月まで、裁判所は何の審議もせずにおりましたが、その間、活動家たちは、先を越して計画を練っていました。ダー夫人は「人種差別の廃止――最高裁判決を実施するには」という講習会があることを私に教えてくれました。講習会はテネシー州モントイーグルのハイランダー民衆学校（フォークスクール）というところで開催される、とのことでした。

ダー夫人は、私が出席すべきだと思うと言いました。また、奨学金ももらえるし、十日間の講習会に行くための資金は彼女が何とか集めるから、とのことでした。ニクソン氏も、私が行くことに大賛成でしたので、私は講習会に参加することにしました。あれは一九五五年夏のことでした。

ダー夫人は、*Outside the Magic Circle*（魔法の円の外で）という自伝の中で、私がスーツケースも水着も持っていなかったので彼女がそういったものを調達した、と書いています。私はそのようには記憶していません。確かに、私はあまり旅行をしなかったのでスーツケースを持っていませんでした。しかし、ハイランダーにはスーツケースを持って行かなかったと記憶しています。水着は持っていました。なぜなら、一九五〇年にフロリダに行ったのですが、その時水着を持っていたのを覚えているからです。

私は、その頃モンゴメリーのある家で、家事をしたり、生まれつき喘息だった小さな女の子の面倒を見たりして働いていました。この一家が、フロリダにバケーションに行き、メキシコ湾沿いのサニーサイド・ビーチというところに行ったのですが、その時私も一家と一緒に出かけていったのです。ビーチに行ったのですから、水着を持参していたというわけです。

ハイランダーには湖がありましたが、私はそれほど水泳が好きなわけではなかったので、水には入りませんでした。

私がハイランダーの講習会に行くことに関して、夫のパークスが何と言ったか、覚えていません。夫に一緒に行ってもらうことはできませんでした。夫は、家を遠く離れて旅行するのがあまり好きではなかったのです。しかし、私が行くことには反対しませんでした。第二次世界大戦終結後、私の母がパインレベルから同居しにやってきていたのですが、パークスと母は、私がいなくてもうまくやっていけました。夫は料理もしました。若い頃、自分の母親と祖母が病気だったため、二人の面倒を見ていたからです。

ハイランダーが白人学校だということを、ダー夫人が私に言ったかどうか覚えていません。夫人は、特に人種のことに触れませんでしたから、ハイランダーに到着してから何が起こるのか、よくわかりませんでした。

まず、実際に行ってみてわかったことは、テネシー州グランディ郡には、講習会にやってきたハイランダーの宿泊者以外は黒人が一人もいないということでした。私には話をするような白人の知人が学校の外にはいなかったのですが、白人がこの学校のことを不愉快に思っていたことがわかりました。なぜなら、白人は、機会さえあればすぐにでも学校の校舎を焼いてしまったという話だからです。

私は、テネシー州のチャタヌーガまでバスで行きました。そこからは、白人の男性が迎えにきてくれて、テネシー州モントイーグルまで五十マイル〔約八十キロ〕ほど車で送ってくれました。あまり話はしなかったと記憶しているのですが、居心地悪く感じたりはしませんでした。私は、白人に慣れていましたし、白人が自分を受け入れてくれる限り、私も彼らを受け入れました。景色が美しく、学校に近づくと、そこがなぜ「ハイランダー〔高地人〕」と呼ばれていたのかわかりました。学校は、草花に包まれ、家畜が散在する山々の高台にあったのです。

大恐慌に襲われていた一九三二年にこの学校を開校したのは、マイルス・ホートンという人でした。彼は、正しい指導があれば人は自分の問題を必ず解決できる、という考えを持っていました。開校した時は、アパラチア山脈に住む恵まれない白人の問題に専念しました。労働関係、労働者の権利、人種関係についてのセミナーを行ないました。

一九五〇年代になると、人権問題に対しより深い関心を向けるようになりました。学校では将来のリーダーを養成し、その人たちが郷里に帰って学校で学んだことを生かし、変革をもたらすことができるようにセミナーを行ないました。白人社会から敵意が生じ始めたのは、たぶんその頃だったのだろうと思います。

ハイランダーの楽しい経験

ハイランダーで、セプティマ・クラークという黒人女性と知り合いました。彼女は、サウスカロライナ州のチャールストンで教師の職を失ったとのことでした。チャールストンで全国黒人向上協会の会員として活発に活動していた彼女は、黒人教師が平等の賃金をもらえるように試みました。

また、彼女は、民主党が非公開クラブであることに対し反対判決を下し、同党に誰もが票を投じられるようにした、ウィリアム・ウェイツ・ウェアリング判事の友達でした。当時、サウスカロライナでは、民主党は非公開クラブを名乗っていましたので、黒人は同党に登録することができませんでした。共和党にいたっては、サウスカロライナでは語るに足るような存在ではありませんでした。

私が初めて会った時、セプティマ・ポインセット・クラーク（彼女は「ポインセチア」の花の名祖(なおや)となったポインセット家に仕えていた奴隷の娘でした）は、五十代後半で、ハイランダーで公民権のクラスを教えていました。「公民権学校」を担当し、大人たちが読み書きと公民権の基礎を学び、他の人にも教えられるようになり、皆が選挙登録できるように教育することが彼女の仕事でした。

彼女は、ハイランダーにすっかり慣れているようでしたが、一般世間は彼女にひどくあたりました。マイルスが留守で彼女が学校にいた時、地域の者たちが学校を焼いてしまいました。そして、彼女を投獄し、飲酒したとか共産主義者であるとかいういろいろな罪で、彼女を訴えたのでした。彼らは、彼女のやっていることが気に入らなかったのです。

セプティマは後に、*Echo in My Soul*（魂のこだま）という題の自伝を書き、私に一冊贈呈してくれました。また、毎年、クリスマスにはいつも手紙をくれました。

私が講習会に行った夏は、ハイランダーが大人の教育を始めた最初の年でした。バーニス・ロビンソンという美容師が、授業を一つ教えていました。これは、週二回のクラスで、学生が十四人受講していました。彼女は、名前や小切手の書き方、軍隊にいる人にどうやって手紙を書いたらよいか、といった基本的なことを教えていました。授業終了後、受講した学生のうち八人が選挙登録の試験に受かりました。

私は、ハイランダーで十日間過ごし、そこで学校の人種差別廃止に関するテーマを中心にいくつか違うセミナーに参加しました。すべてが大変よく企画されていました。

私たちは全員何らかの責任が与えられ、毎日そのリストが掲示板にはり出されました。仕事も余興も分担して行ないました。

私にとってとてもうれしかったことの一つは、ベーコンを焼いたりコーヒーを淹れたりしている匂いを満喫できるのみならず、自分に代わって白人がその料理をしているということでした。

人工湖では水泳ができ、バレーボールやスクェアダンスもできました。ハイランダーで皆と一緒に過ごしたのは、本当に楽しい経験でした。私たちは、誰が何色の肌をしているかということを忘れていました。

私は四十二歳でしたが、あれは、それまでの人生の中で、白人から憎悪を感じることがなかった数少ない経験の一つでした。私は、人種と生い立ちの異なる人たちが、講習会で一緒に話し合い、平穏に調和して共同生活するのを経験しました。私は、他の人の反応や相いれない態度を気にせずに、正直に自分の気持ちを表現できると感じました。

もっと長く滞在したいくらいでした。特に、どんな環境に帰っていくのかわかっていましたので、ハイランダーを離れがたく思いました。しかし、もちろん、去らなければなりません。私は、モンゴメリーに帰り、服の仕立屋のアシスタントをしていたモンゴメリー・フェア百貨店の職場に戻りました。ここでは、どんなにひどい扱いをされても、笑顔で礼儀正しくしていなければなりませんでした。そして、人種隔離された市営バスに乗る生活に、再び戻ったのです。

8　逮捕される

バスの人種隔離法ほど、モンゴメリーの黒人を怒らせた法律はなかったと思います。公共交通機関における人種隔離法案が通過して以来、ずっとそういう状態でした。

一九〇〇年のこと、黒人たちがモンゴメリーの市街電車への乗車をボイコットしたことがありました。このボイコットは、移動する席が他にない場合は、無理に席を譲らなくていいように市議会が法令を変えるまで続きました。しかし、年月がたつと、法律はそのままでも、慣習が変わってしまいました。私が一九四三年にバスから降ろされた時、あのバスの運転手は本当は違法行為をしていたのです。

あの事件から二年後の一九四五年、アラバマ州では、州の管轄下にある全バス会社は人種隔離法を施行しなければならない、という法案が通過しました。しかし、その法令は、私のようなケースに対しバスの運転手はどう対処すべきか、はっきりと説明していませんでした。

最初の人種隔離法ができてから半世紀たった当時、モンゴメリーには黒人が五万人いました。白人は自家用車を持てた者が多かったため、白人より多くの黒人がバスを利用していたのです。ダウンタウンに行って白人に仕えるために、週五日、毎日二回、人種の隔離されたバスに乗らなければならない侮辱を味わいました。あれは本当に屈辱的なことでした。

いつも何かしら事件が起きていました。ダー夫人の話では、私は事件について夫人に再三再四、報告していたとのことです。ニクソン氏は、少しでも改善をもたらせるよう交渉を試みたものでした。ある時ニクソン氏は、黒人乗客がバスの前方で料金を払ってから後方のドアに回って乗車しなければならないことについて交渉するためにバス会社に行ったそうです。バス会社側は、「あれは、お前たち黒人が始めたことだ。自分たちがそうしたいからやっているんじゃないか」と言っていたとのことでした。

また、ニクソン氏は、デイ・ストリートのバス路線を延ばしてくれるように交渉しに行ったことがありました。デイ・ストリート橋の向こう側にある小さなコミュニティーに住む黒人は、バスに乗るのに、約半マイル歩いて橋を渡らなければなりませんでした。ニクソン氏はこのことをバス会社に抗議しに行ったのでした。

氏はバス会社にしょっちゅう抗議に行っていました。一人で行くこともあれば、誰かを連れて行くこともありました。ニクソン氏は車を持っていましたので、自分自身はバスに乗りませんでした。氏は、黒人コミュニティーの代行を務めていたのです。バス会社側は、「半マイル歩いてでもダウンタウン行きのバスに乗る料金を払おうとする者がいる限り、バス路線を延ばす必要はない」とニクソン氏に言いました。

ジョアン・ロビンソンはアラバマ州立大学の英語科の教員で、一九四六年に女性政治委員会の設立に尽力した人でした。数年にわたり、彼女自身もバスの運転手とのいざこざを経験していたのですが、政治委員会の婦人会員を奮い立たせることはできませんでした。ジョアンはオハイオ州クリーブランドの出身でしたが、ほかの婦人たちはモンゴメリーの地元出身者ばかりでした。

ジョアンがバスの運転手の無礼について文句を言うと、婦人たちは、「モンゴメリーではそれが現状だ」と言うのでした。ジョアンは、女性政治委員会を代表して、しばしばバス会社に抗議に行ったものでした。そしてついに、白人街と同じように黒人街でもブロックごとにバスが停(と)まるよう、バス会社に合意させるに至ったのでした。しかし、これはほんの小さな勝利にすぎませんでした。

ジョアンをはじめ、私たちを苛立(いらだ)たせたのは、バスの乗客の六六%を黒人が占めていたにもかかわらず、バス会社も、市長も、市警も、耳を傾けようとしなかったことでした。市バスの乗車をボイコットしたらバス会社の財政にかなりの痛手を与えるはずだと話し合ったのを覚えています。しかし、それと同時に、自分たちの条件をよくするためにバスに乗らないようにする気があるかどうか、数人に聞いてみたところ、皆「仕事場まで距離がありすぎる」と言っていたのを覚えています。つまり、バス・ボイコットへの支援は期待できない感じでした。

全国黒人向上協会（ＮＡＡＣＰ）モンゴメリー支部では、バスの人種隔離をたてに、モンゴメリー市当局を告訴することを考え始めていました。しかし、それには適切な起訴人と説得力のある訴訟事実が必要でした。一番理想的な起訴人は女性でした。なぜなら、女性のほうが男性より同情を集めやすかったからです。そして、この女性は非の打ちどころがなく評判がよく、バスの席を譲るのを拒んだ以外は何も悪いことをしたことのない人物である必要がありました。

一九五五年春、クローデット・コルビンという十代の少女と老婦人がバスの真ん中のセクションに座っていて、白人に席を譲るのを拒みました。運転手が警察を呼びに行ったところ、老婦人はバスを降りてしまいました。しかし、クローデットは、すでに料金の十セントを払ったのだから動く理由などないと言って、降りようとしませんでした。

警官が来て、この少女をバスから引きずり降ろし逮捕しました。この少女の名前をどこかで聞いたことがあると思ったら、クローデット・コルビンは、パインレベルで白人のもとで絶対に働こうとしなかった、子沢山で生粋の黒人、ガス・ボーン氏の曾孫だったのです。彼女は、ひいおじいさんの自尊心を受け継いでいたのに違いありません。

クローデットの逮捕後、ある活動家のグループが、バス会社と市当局に請願書を提出し、より丁寧な扱いと人種隔離をあからさまにしないことを願い出ました。彼らは人種隔離の撤廃を請願したのではなく、ただ単に、白人がバスの前の方に座り、黒人は後ろの方に座り、その二つのセクションの間に境界線を引くことを願い出たのでした。また、黒人の運転手を雇用することも請願していたようでした。バス会社と市当局がこの請願書に返答するのに数カ月かかりました。そして、返答が来てみると、願いごとはすべて断わられていました。

私はきっと何の成果も得られないだろうと思いましたので、この請願書をバス会社と市当局に提出に行くのに同行しませんでした。私は、白人へのお願いをしたためた紙片を手にして、どこにも行くまいと心に決めていたのです。これは私が個人的に決めたことでした。

私は、ニクソン氏とジョアン・ロビンソンと一緒に、クローデット・コルビンに会いに行きました。そして、彼女の申し立てを連邦裁判所に上告することについて話しました。クローデットにその気があったので、彼女の弁護資金を作るのに彼女自身に街のあちこちで話してもらう計画を立て始めました。

すべてうまくいっていたのですが、それは、クローデットが妊娠していることをニクソン氏が発見するまでのことでした。クローデットは未婚でした。ということで、訴訟の話は終わりになってしまいました。あの情報が白人記者たちの手に渡ったら、大騒ぎになったことでしょう。彼らはクローデットを不良娘呼ばわりし、彼女の申し立ては勝ち目がないものになったことでしょう。結局、それ以上時間と労力とお金を使う前に、もっと適切な起訴人が出てくるのを待つことになりました。

私は座っているほうを選ぶ

その年の夏、ある女性を巻き込んだバスの事件がもう一件起こりました。私はその女性のことはあまり知りませんでした。名前をルイーズ・スミスといい、年は十八くらいでした。彼女は罰金を払い、抗議しなかったとのことで、ニクソン氏に裁判に持ち込んでもらうには、確かにあまりいいケースではありませんでした。

私は、起訴する可能性についての話し合いに関与していましたので、非の打ちどころのない起訴人が必要とされていたのを知っていました。しかし、一九五五年十二月一日に、私が白人男性に席を譲らなかったのは、そのせいではありません。また、逮捕されることをもくろんだわけでもありません。もし、もっと気をつけていたならば、あのバスに乗ることさえしなかったはずです。

私はあの時期大変忙しくしておりました。十二月三日と四日に行なう全国黒人向上協会のセミナーの準備中で、アラバマ州立大学で集会をする許可を同大学のＨ・Ｃ・トレンホルム氏からもらおうとしていました。氏は許可をくれたのですが、建物の使用許可が、なかなかもらえないでいました。また、翌週に控えた全国黒人向上協会の年長部門（シニア）の役員選挙の通知が届いたりもしていました。

私は、あの十二月一日の夕方、仕事を終え、いつものように帰りのクリーブランド・アベニュー行きのバスに乗るためにコート・スクェアに行きました。バスに乗る時、誰が運転しているのか見ませんでした。運転手に気がついた時には、すでに料金を払っていました。

気がつくと、十二年前の一九四三年に私をバスから降ろした、あの運転手ではありませんか。彼は相変わらず背が高く太っており、赤っぽい荒れた肌をしていました。そして、相変わらず意地悪そうに見えました。彼があの路線を担当していたとは、知りませんでした。時どき運転手の交代があったようですが、もしあの運転手が運転しているのを見ていたならば、そのバスには乗ろうとしなかったことは確かです。

私はバスの真ん中のセクションで空席を見つけたので、そこに座りました。後ろのほうに何人も立っている人がいたのに、なぜその席が空いていたのか、考えもしませんでした。もし考えたとしたら、たぶん誰か私がバスに乗るのを見た人が、その席に座らずに空けておいてくれたのだと思ったことでしょう。窓際（まどぎわ）に男の人が座っており、反対側の座席には女性が二人座っていました。

次の停留所はエンパイア劇場前で、そこで白人が何人か乗り込んできました。白人用の座席がいっぱいになり、白人が一人立ったままになってしまいました。運転手は白人男性が立っているのを見ると、次に私たちのほうに視線を向けました。

「そこの前列席を空けてくれ」と運転手が言いました。前列席というのは黒人席の最前列のことです。しかし、誰も動きませんでした。私たち四人は、ただそのまま座っていました。すると、運転手がもう一度言いました。

「さっさとその席を空けたほうが身のためだぞ」

私の隣の窓際の男が立ち上がったので、私は彼が席から出られるよう動きました。反対側の座席を見ると、二人の女性たちも立ち上がろうしていました。私は、窓際の席に座り直しました。立ち上がることが、どうして自分の「身のためになる」のか、私にはわかりませんでした。私たちがいいなりになればなるほど、彼らの扱いはひどくなるばかりだったのです。

私は、祖父がよく暖炉のすぐ近くで銃をかかえ、私も一晩中、寝ずに起きていた昔の頃を思い出しました。一頭馬車でどこへ行く時も、祖父はいつも馬車の後ろに銃を備えていたものでした。

よく人は、あの日私が席を譲らなかったのは、疲れていたからだと言います。しかし、それは違います。私は肉体的には疲れていなかったのです。もし疲れていたとしても、いつも仕事後に感じる程度の疲れだったにすぎません。私が当時老人だったようなイメージを抱いている人がいますが、年はとっていませんでした。私は四十二歳だったのです。違うのです。私が疲れていたのは、白人のいいなりになることに対してだったのです。

運転手は、私がまだ座ったままでいるのを見ると、立つのかどうか尋ねました。私は「ノー」と答えました。すると、「お前を逮捕させるぞ」と言いました。私は「かまいませんよ」と答えました。私たちの言葉のやりとりはこれだけでした。私は運転手の名前さえ知りませんでした。後日、裁判所で顔を合わせた時、運転手の名前がジェームズ・ブレイクだと初めて知ったにすぎません。彼はバスから降り、警察を待ちながら外に数分間立っていました。

その間、座ったままの私は、何が起きるのか考えないようにしました。どんなことが起きても不思議がないことはわかっていました。乱暴な扱いを受けたり、殴られたりすることもありえました。逮捕されることもありえました。

人から、全国黒人向上協会が探していたテストケース（試訴）の起訴人に自分がなれるかもしれない、とあの時考えたかどうか質問されることがありますが、そういうことはまったく考えませんでした。もしも自分に起こるかもしれないことを実際に熟慮していたら、私はあのバスを降りていたことと思います。しかし、私は座っているほうを選んだのです。

逮捕される

他の乗客たちはといえば、バスを降りて乗り換え券をもらう人が何人かいました。

そのため、車内の特に後方に少し空きができました。皆がバスを降りたわけではありませんが、誰もが静かにしていました。聞こえる会話は低い声でなされ、大きな声で話す者は一人もいませんでした。

それにしても、バスがまったく空になってしまったら面白かったかもしれません。または、他の三人も前列席に座ったままでいて、私一人が逮捕される代わりに、四人全員が逮捕されていたら、私にとっては少しは支えになっていたかもしれません。しかし、そんなことは問題ではありませんでした。私は他の乗客たちのことを悪く思ったこともありませんし、ましてや彼らを批判しようなどとは考えたこともありません。

結局、警官が二人やってきて、バスに乗り込んできました。そのうちの一人が私に、なぜ立ち上がらないのか尋ねました。

私はその警官にたずねました。

「あなたたちは皆、どうして私たちをいじめるのですか」

警官の言葉をそのまま引用するならば、彼は次のように答えました。

「わからないが、規則は規則だ。お前を逮捕する」

警官の一人が私のハンドバッグを持ち、もう一人が私の買物袋を持ち、私をパトカーに連行しました。警官たちは、パトカーの中で私の持ち物を返してくれ、私に手をかけることもしなければ、無理やりパトカーに乗せようともしませんでした。私がパトカーのシートに座ると、警官たちはバスの運転手のほうに戻り、逮捕令状を出すための宣誓をしたいかどうか尋ねました。運転手は、路線の運転を全部終えてから宣誓に行くと答えました。逮捕状が出るまでは、法律上は逮捕されたことになりませんので、私はただ拘留されていたことになります。

警官たちは、コート・ストリートに近い市役所の市民課に私を連行したのですが、そのうちの一人が私に「運転手が命令した時、なぜ立たなかったのだ？」と、再び尋ねました。私は、市役所に着くまでずっと沈黙していました。

市役所の建物に入った時、とても喉がかわいていたので、私は水を飲んでいいか尋ねました。水飲み場があり、私はそのすぐ隣に立っていたのです。警官の一人は飲んでもいいと言ったのですが、水を飲もうと腰をかがめた途端、もう一人の警官が「だめだ、水を飲んではいけない。刑務所に行くまで待つべきだ」と言いました。これで、私は水を飲むチャンスを逸してしまいました。私は、ただちょっと喉を潤そうとしただけで、かなり喉がかわいていたとはいうものの、そんなに沢山の水を飲もうと思ったわけではありません。これに対し憤り（いきどお）を感じましたが、反応は示しませんでした。

市民課で名前や住所について質問に答えると、警官たちはそれを必要書類に書き込みました。私が電話をかけていいか尋ねると、警官は「だめだ」と言いました。あれは私にとって初めての逮捕でしたから、だめと言われたのは、私が黒人だということへの偏見からだったのか、それともあれが通常のやり方だったのかわかりません。しかし、私には偏見のように思えました。それから、警官たちは私を再びパトカーに連れて行き、ノースリプリー・ストリートに位置する市の刑務所に連行しました。

刑務所の中で

私は刑務所を怖いと思いませんでした。ただ忍従しているだけでした。本当に怒りを感じていたか覚えていないのですが、言い争うほどは怒っていませんでした。とにかく、直面すべきことは何でも受け入れられるだけの覚悟ができていました。私はもう一度電話してもいいかどうか尋ねましたが、無視されました。

警官たちは、私にハンドバッグをカウンターにのせ、ポケットの中の所持品を出すように言いました。ポケットの中のものはティッシュペーパーだけでした。私はそれを取り出しました。彼らは、身体検査もしませんでしたし、手錠もはめませんでした。

それから、別の部署に連れて行かれ、そこで指紋と顔写真をとられました。白人の婦人看守が私を留置場に連れにやってきたので、私は電話をかけてもいいか尋ねました。彼女は「確かめる」とのことでした。

婦人看守は私を階上へと連行しました（留置場は二階にありました）。そして、鉄網に覆われた扉を抜け、薄暗い廊下を通り、空っぽの独房に私を入れると、ドアをバタンと閉めました。何歩か歩いていってから、婦人看守が戻ってきてこう言いました。「反対側の牢に女性が二人入っているのだけど、独房に入っているより彼女たちと一緒にいるほうがいいなら、あっちに連れて行くわよ」

私はその必要はないと言ったのですが、彼女は「向こうに行きましょう。そうすれば独房に一人でいなくてもすむわ」と言いました。それは彼女なりの好意だったのですが、私の気は楽になりませんでした。

反対側の牢に歩いて行く途中、私は「電話をかけてもいいですか」と、もう一度尋ねました。彼女は確かめてくれるとのことでした。

婦人看守が私を連れて行ってくれた牢には、彼女が言っていたとおり、黒人女性が二人いました。一人は私に話しかけてきましたが、もう一人は何も言わず、まるで私がいないかのように振る舞っていました。私に話しかけてきたほうの女性は、何があったのか私に尋ねました。私はバスに乗車中に捕まったのだと言いました。

彼女は「バスの運転手の中には本当に意地の悪いのがいるのよね。あなた結婚してるの?」と言いました。「ええ」と私が答えると、「旦那さんがあなたをここに入れておくようなことはさせないわよ」と言いました。

彼女は、私に何かしてあげられることはないか尋ねましたので、「もしカップがあったら、お水を少し飲みたいわ」と言いました。彼女は、薄黒い金属製のカップを持っていて、トイレの上のところに下げていました。彼女はそのカップに水道の水を少し入れてくれました。私は二口ほど飲みました。すると、彼女は自分の問題について話し始めました。私は彼女の話に興味を持ち始め、どうしたら彼女の助けになれるか、考えをめぐらしました。

彼女は四十五日か四十七日間留置されており、未亡人だとのことでした。ある男と付き合っていたのですが、その男が彼女を怒って殴ったのだそうです。その時、彼女は手斧(ておの)を持って男の後を追いかけたため、男は彼女を逮捕させたとのことでした。

彼女には兄弟が二人いるのですが、どちらとも連絡がとれないでいました。一方、彼女が刑務所に入ってしばらくして、例の男が傷が癒えたところで彼女を出所させようとしました。ただし、彼とまた付き合いつづけるというのが条件でした。しかし、彼女はもうその男とはかかわりたくないと思ったのです。それで、刑務所から出してくれそうな人とは誰とも連絡がとれないまま留置されているとのことでした。

彼女は、鉛筆は持っていましたが、紙がありませんでした。私はハンドバッグを持って行かれてしまったので、紙も鉛筆も持っていませんでした。彼女が何があったか話し終えた頃、婦人看守が戻って来て、私に出るように言いました。

私は電話ボックスのところに連れて行かれるまで、どこに行くのかわかりませんでした。婦人看守は私にカードを渡し、電話する相手の名前と電話番号を書くように言いました。そして、電話のコイン投入口に十セントを入れるとその番号をダイヤルしました。そして、私の言っていることが聞こえるように、そばに立っていました。

私は家に電話しました。夫も母も家にいました。母が電話に出ました。

私は「刑務所にいるの。私の身柄を引き取りにこられるか、パークスに聞いてちょうだい」と言いました。母は「警官はお前を殴ったの？」と聞きました。私は「いいえ、殴られなかったわ。でも留置されているの」と言いました。

母が夫に電話を替わると、私は「パークス、私を刑務所から出しに来てちょうだい」と言いました。彼は「すぐそこに行く」と言いました。

夫は車を持っていませんでしたから、しばらく時間がかかることはわかっていました。ところが、私たちがまだ電話で話している間に、ある友人が車で家にやってきたのです。その友人は、私が刑務所に連れて行かれたことを耳にし、何か手伝えることがあるかどうか聞きにクリーブランド・コートのわが家に車で来てくれたのでした。彼がパークスを車に乗せて刑務所まで来るとのことでした。

その後、婦人看守は私を再び留置場に連れて行きました。

パークスの友達が言っていたとおり、私が逮捕されたというニュースは、すでに人びとの耳に伝わっていました。ニクソン氏は夫人からその話を聞き、夫人は近所に住むバーサ・バトラーから話を聞き、バーサは私が警官にバスから降ろされるのを目撃したのでした。

ニクソン氏は刑務所に電話し、私が何の罪で逮捕されたのか尋ねましたが、刑務所側は教えようとしませんでした。そこで氏は、モンゴメリーにいる二人の黒人弁護士のうちの一人であるフレッド・グレイに連絡をとろうとしました。しかし、彼は不在でした。それで結局、バージニア・ダー夫人の夫で白人弁護士のクリフォード・ダーに電話しました。ダー氏が刑務所に電話し、私は人種隔離法を犯した容疑で逮捕されたことがわかりました。そして保釈金のことも聞きだしました。

一方、パークスは、保釈金を捻出してくれそうな知り合いの白人男性に電話しました。そして、その男性を迎えに友達がパークスを連れて行ってくれました。私は、保釈金がいくらだったか覚えていません。

留置場に戻ると、例の女性が、見つけたくしゃくしゃの紙切れに兄弟二人の名前と電話番号を書き、早朝電話してほしいと言いました。彼らは朝六時頃には仕事に出てしまうからとのことでした。私は、そうすると彼女に言いました。

彼女が私に紙切れを渡す間もなく、婦人看守が私の釈放を知らせにやってきました。看守たちは急いで私を出そうとしており、彼女は私の後ろに立っていました。彼女自身は階下の鉄網扉を出られないのを知っていましたので、紙切れを階段の下のほうに投げました。それは、ちょうど私の目の前に落ちました。私はそれを拾うとポケットにしまいました。

私が看守に両脇をかかえられ鉄網扉を出てきた時、最初に会ったのは、ダー夫人でした。夫人は目に涙をためており、震えているようでした。たぶん、彼らが私に何をしたのか心配していたのでしょう。釈放されるや否や、夫人はまるで姉妹のように、私を両腕で抱きかかえ、キスしてくれました。

ニクソン氏とダー弁護士に会えた時も、本当にうれしく思いました。係のところに行き、私の所持品を受け取ると、裁判の日程が言い渡されました。ニクソン氏は、自分はプルマンのポーターをやっており、月曜までモンゴメリーを留守にしているからと説明し、裁判を翌週の月曜日にあたる一九五五年十二月五日にしてほしいと頼みました。私たちは言葉少なくその場を立ち去りましたが、あれは感極まる瞬間でした。私は刑務所を出るまで、投獄によって心をかき乱されていたことに気づきませんでした。

私たちが階段を下りて行くと、パークスと彼の友達が車でやってきました。私はパークスたちと一緒に車に乗り、ニクソン氏が後ろから家までついてきました。

訴訟のテストケース

家に帰ると、もう夜の九時半か十時になっていました。母は私が帰ってきたのをとても喜び、どうしたら私を楽にしてあげられるかと聞きました。私は（その日、何かの理由で昼食を食べそこなっていましたので）お腹(なか)が空(す)いていると言いました。すると母は、何か食べるものを用意してくれました。ダー夫人と私の友人のバーサ・バトラーも来ていて、母の手伝いをしてくれました。私は、翌日仕事に行かなければならないことを考えましたが、すぐには就寝できそうもないことを察しました。

私に起こったことに対し、皆とても憤慨しており、二度とそういうことが起こってはならないと話していました。私は、たとえ職場まで歩かなければならなくても、人種隔離されたバスには絶対に二度と乗るまいと思いました。しかし、これが人種隔離されたバスを相手どったテストケースになろうとは、その時はまだ自分でも思いもつきませんでした。

ニクソン氏は、この訴訟をテストケースにしてもいいかどうか私に尋ねました。私は母と夫と相談しなければならないと言いました。パークスは大変怒っていました。彼は、クローデット・コルビンの事件の時にテストケースを起こそうとしたのが難しかったように、今回もテストケースとして人びとに支持してもらうのはとても難しいだろうと考えていました。私たちはこの問題に関して、しばらく討議しました。そしてついに、パークスと母が訴訟を起こす考えに賛同しました。二人とも人種隔離には反対で、それをなくすために闘う覚悟でした。

また、私自身は多くの訴訟事実に係わってきていたため、原告なしでは裁定は下されないということを知っていました。ですから、私は起訴人になることに同意しました。

9　バス・ボイコット運動の始まり

私が起訴人になることに同意すると、ニクソン氏は大喜びしました。氏が何と言ったか私ははっきり覚えていないのですが、彼の話によると「すごいじゃないか。人種隔離がもたらした結果がこれとは」と言ったのだそうです。つまり、私は完璧な起訴人だと言いたかったのです。

その後ニクソン氏は、「ローザ・パークスは、私のもとで十二年間働いてきました」と記者たちに語ったものでした。そして、次のようにも言っていました。「寝台車係の兄弟連盟、全国黒人向上協会、アラバマ選挙人連盟など、私が行くいたるところで彼女が秘書役を務めてくれました。彼女はきっと自分の意志を貫くだろうと思っていました。彼女は正直で、潔癖で、誠実です。昨年のことだろうと、先月のことだろうと、五年前のことだろうと、記者たちがいくら探そうとしても、彼女の行ないからは何も悪いことなど見つかりません。ローザ・パークスになすりつけられる罪は何一つないのです」

　私には前科がありませんでした。私はずっと働いてきました。私生児を身籠ったりもしていませんでした。白人に後ろ指をさされ、「ああいう扱いを受けても当然だ」と言われるようなことは何もしていませんでした。黒人に生まれたということ以外には、何もしていなかったのです。

　一方、黒人弁護士のフレッド・グレイは、ジョアン・ロビンソンに電話をし、私の逮捕のことを知らせました。するとジョアンは、女性政治委員会の他のリーダーたちに連絡をとりました。彼女たちは、私の裁判の日である十二月五日にバスのボイコット〔乗車拒否〕を開始するように呼びかけることに同意しました。

　ということで、私が逮捕された木曜の夜、彼女たちは、夜中にアラバマ州立大学に集まり、ガリ版の原紙を切り、三万五千枚のビラを刷ったのです。翌朝、ジョアンは学生数人にビラを自分の車に積み込んでもらい、地域の黒人用小中学校と高校全校に行って、生徒たちがビラを家に持って帰り、親に見せられるように、配布したのでした。

　ビラには次のように書かれてありました。

「これは、一九五五年十二月五日月曜日に向けての通知です。

白人に席を譲ることを拒否したために、また黒人女性が逮捕され投獄されました。

黒人女性が同じ理由で逮捕されたのは、クローデット・コルビンの事件に次いで二度目のことです。

もし黒人がバスに乗らなければ、バス会社は経営が困難になるのですから、黒人にも権利があるのです。しかし、バスの乗客の四分の三は黒人だというのに、私たち黒人が捕まり、空席があっても立っていなければならないのです。こういう逮捕をなくすために、何らかの手を打たなければ、これがずっと続くのです。次は、あなたの番かもしれません。または、あなたの娘さんかもしれません。または、お母さんかもしれません。

今回逮捕された女性の裁判が月曜日にあります。そこで、彼女の逮捕と裁判に抗議するため、今度の月曜日には黒人全員がバスに乗らないようお願いします。月曜日には、通勤にも、町に行くにも、通学にも、どこに行くにも、バスには乗らないでください。

一日だけなら学校に行かなくてもすむはずです。仕事に行くなら、タクシーを使うか歩いてください。子供やお年寄りも、月曜日には絶対にバスに乗らないでください。月曜日には、絶対にどのバスにも乗らないでください」

バス・ボイコット運動の開始

金曜の朝早く、ニクソン氏がファースト浸礼派教会のラルフ・デイビッド・アバナシー牧師に電話しました。氏は、コミュニティーの支持を得るためには、黒人の牧師たちが一番役立つと考えたのでした。

他の牧師十八人にも電話し、その夜の集会の準備をしました。彼自身は、モンゴメリー・アトランタ・ニューヨーク間の列車でポーターの仕事がありましたので、会合には出席できませんでした。しかし、牧師たちに、何をしてほしいかすべて話しておいたのでした。

その後、ニクソン氏は、ジョー・アズベルという「モンゴメリー・アドバタイザー」紙の白人記者に電話し、ビラを見せるためにユニオン駅で会う約束をしました。ニクソン氏は、新聞の第一面に記事を載せてほしいと言いました。ジョー・アズベルは、やれるだけやってみると言いました。一方、私の逮捕に関する小さな記事が、その日の新聞に掲載されました。

拘留された翌日の朝、私はまず、留置場の女性がくしゃくしゃの紙切れに書いてくれた番号に電話しました。彼女の兄弟の一人と連絡がとれたので、なぜ電話しているのか説明しました。彼は、ただ「オーケー」とか何とか言っただけでした。それ以上の話はしませんでした。私は、妹さんが会いに来てほしいと言っていたとだけ伝えました。

それから二日ぐらいたって、彼女に会いました。バス・ボイコット運動の開始後は、とにかく集まれる人がいればいつでも集会がもたれ、しょっちゅう会合があったのですが、私はこういった集会に参加するために、その日もドーセイ・ストリートのほうに行くところでした。

私は彼女に気がつきませんでした。ドレスアップしていて、とても素敵に見え、清潔で髪もきちっと整えていました。近くに行った時、彼女が「こんにちは、ご機嫌いかが？」、そして「私のことがわからないの？」と言いました。私が「わからない」と答えると、「牢屋(ろうや)で一緒だった者よ」と彼女が言ったのです。私は、「出られたのね。よかったわ」と言いました。その時、急いでいましたので、彼女の住所・氏名や電話番号を聞きそびれてしまいました。そのため、彼女に会ったのはあれが最後となりました。彼女は本当に素敵に見えました。

十二月二日金曜日の朝、約束どおり彼女の兄弟に電話した後、私はタクシー会社をやっているフィリックス・トマスに電話し、タクシーで仕事に行きました。私はもうバスには乗らないと心に決めていたのです。私が務めていたモンゴメリー・フェア百貨店で男性服の仕立直しの責任者をしていたジョン・ボール氏が、私を見て驚いていました。彼は、「来るとは思わなかったよ。神経衰弱にかかったのではないかと思ったよ」と言ったので、私は「刑務所に行ったからって、どうして私が神経衰弱にならなければならないのですか」と言いました。それからお昼休みになるとすぐに、フレッド・グレイの事務所に行きました。

フレッドがモンゴメリーで開業して以来、私はしょっちゅう彼の事務所に行っていました。私は昼食を店で買ったものでした。フレッドはたいてい昼食を持参して来ていて、私たちはよく昼食を一緒にしました。また、フレッドがちょっとした用事で外に出ている間、私が電話番をするということもありました。そしてまた、私は仕事場に戻るのでした。フレッドには秘書がいなかったので、時々手伝いに行っていたのです。私が逮捕された翌日、フレッド・グレイの事務所は、まるで蜂の巣をつついたようでした。人びとはバス・ボイコットと牧師たちが招集したその夜の会合のことについて聞くために、電話したり、事務所に立ち寄ったりしたのでした。

仕事を終えたあと、私はデクスター・アベニュー浸礼派教会で行なわれる例の集会に行きました。私がどのように逮捕されたのか説明した後、どうしたらよいか長い話し合いが始まりました。

牧師の中には、この抗議運動をどのように支持すべきか話し合いたいと言う者もあれば、こういう抗議運動をすべきかどうか話し合うべきだと言う者もいました。結論に達する前に帰ってしまった者が多かったのですが、残った者たちは、日曜の礼拝の時に抗議運動について話し合い、月曜の夕方、もう一度集会をもち運動を続けるべきかどうか決めることに同意しました。その日の集会で、牧師のグループは、簡潔な通知の草案を作るための委員会を結成しました。草案は、基本的にはジョアン・ロビンソンと女性政治委員会の仲間が書いたビラを要約したもので、次のように書いてありました。

「十二月五日の月曜日には、通勤にも、町に行くにも、通学にも、どこへ行くのにもバスに乗らないでください。

白人に席を譲ることを拒否したために、また黒人女性が逮捕され投獄されたのです。月曜日には、通勤にも、町に行くにも、通学にも、どこへ行くのにもバスに乗らないでください。仕事に行くなら、タクシーを使うか、自動車に相乗りするか、歩いてください。

そして、月曜日午後七時のホルト・ストリート浸礼派教会の礼拝集会に参加してください」

空っぽの市バス

日曜日に、ジョアン・ロビンソンのビラが「モンゴメリー・アドバタイザー」紙の第一面に掲載されました。そのおかげで、ビラをもらいそこなった人や教会に行かなかった人たちにも連絡を行き渡らせることができました。

しかし、この抗議運動が成功するかどうか、誰も確信できませんでした。ビラを読んだからといって、または教会で話を聞いていたからといって、人びとが本当にバスに乗らないかどうかはわかりませんでした。モンゴメリーにある黒人が経営するタクシー会社十八社は、タクシーをすべてのバス停で停め、バス料金と同じ十セントを乗車料として取ることに同意しました。しかし、人びとは空きのあるタクシーが来るのを待たなければなりません。また、もっと悪いことに、月曜日は雨の模様でした。

月曜の朝、空はどんより暗かったのですが、そんなことはまったく関係ありませんでした。黒人は皆、バスの人種隔離制にはほとほと嫌気がさしていたのです。人びとはバスに乗らず、バス停で黒人が経営するタクシーが来るのを待ちました。または、歩いたり、車に相乗りしたのでした。その結果、モンゴメリーの市バスは実質上、空っぽになってしまいました。

そう、中にはほんの数人バスに乗った黒人がいました。しかし、それはほとんどが抗議運動のことを耳にしなかった人たちでした。中には、怖がってバスに乗らなかった者もいました。市警がバスに乗りたい者たちを警護することを約束し、バスごとに白バイを二台護衛につけたのですが、何も知らない人たちの中には、警護のためではなく逮捕するために警察がいるのだろうと思った者がいたのです。

また、中には不便を味わいたくないと思った者もいました。彼らは、自分が乗っているバスが、タクシーを待つ黒人でいっぱいのバス停を通り過ぎる度に、誰にも見られないように低くかがんでいました。

その日、私はいったいどんな結果になるのか、まったく見当がつきませんでした。しかし、人びとがバスに乗らずに抗議したことに対し、皆本当にびっくりしていました。誰にとっても予期せぬことだったのだと思います。

ニクソン氏が言っていたように、「私たちは自分で自らを驚かせた」のです。市バスの経営が、どれほど黒人乗客に負うものだったか、あれほどはっきり証明したことはかつてありませんでした。また、これはさらに重要な点なのですが、モンゴメリーの黒人コミュニティーがバスの人種隔離に抗議するために、あのように一体となったことはありませんでした。

私は、月曜日は仕事に行きませんでした。その代わり、自分の審判があったので裁判所に出廷しました。パークスが一緒に来てくれました。

何を着て行くか考えるのにあまり時間をかけませんでしたが、私はその日、白い襟と袖口のついたフレアのない黒い長袖のワンピースと、真珠が上を覆うようについている黒いベルベットの帽子を着用し、濃い灰色のコートを着ていたのをはっきり覚えています。そして、黒いハンドバッグを手に持ち、白い手袋をしていました。特に神経質になっていたということはありません。どうすべきかわかっていましたから……。

裁判所には人が大勢来ていました。中に入れない人もいました。パークスも、もう少しで入れてもらえないところでした。しかし、私の夫だと言うと入廷が許されました。人だかりがしていて、道もほとんど見えないくらいでした。全国黒人向上協会の青年委員会のメンバーも沢山来ており、皆大声で声援を送ってくれました。

この人だかりの中に、メリー・フランシスという名の女の子がいました。彼女は甲高い声をしていたため、「ああ、素晴らしい人だわ。今度は、彼らも相手を間違えたようね」という彼女の言葉が伝わってきました。そして、「今度は相手を間違えたようね」とシュプレヒコールのように繰り返し言っていました。

有罪判決を受ける

裁判は長くありませんでした。例のバス運転手が検察側の主要参考人だったのですが、私はその時初めて運転手の名前を知りました。それから後、その運転手について何かで少し読んだことがあります。彼はジェームズ・P・ブレイクといい、アラバマ州エルモア郡のシーマンの生まれでした。シーマンは、アラバマ州のイクォリティの南数マイルに位置していました（それにしても、このイクォリティ〔「平等」の意〕というのは人種が隔離された州の町にしては、かなりおかしな名前です）。

運転手は、私より九カ月半年上で、九学年〔中学三学年に相当〕で中途退学していました。夫人の名前はエドナといい、二人は一九三九年にモンゴメリーに引っ越してきました。彼は、一九四二年に運転手としてモンゴメリー市営バスに就職し、翌年徴兵されヨーロッパで従軍しました。一九四五年にモンゴメリーに戻り、バスの運転手として復職しました。以来、一九七二年に退職するまで勤めつづけました。

検察側は、もう一人参考人として白人の女性を出廷させたのですが、その婦人はバスの後ろに空席があったのに私がそこに座るのを拒んだのだと言いました。しかし、それは本当ではありません。後で知ったのですが、かつて全国黒人向上協会でアンディ・ライト〔スコッツボローの少年の一人〕の弁護委員会の委員を一緒に務めたことがあるJ・E・ピアス教授は、この婦人の証言に大変憤慨していたとのことでした。教授は、ニクソン氏に「こうして、いつだって嘘をつくような白人女を見つけることができるんだ」と言っていたとのことでした。

私は自分のために証言する場を与えられませんでした。弁護人を務めてくれたチャールズ・ラングフォードとフレッド・グレイは、「無罪」の申し立てはしたものの、問われていた罪から私を弁護しようとはしませんでした。私をテストケースにしたのは、法廷に有罪判決を下させた上で、上告するのが目的だったからです。地元の裁判所では判事が現状を変えようとはしませんでしたから、人種隔離法は、より上の裁判所でしか変えることができなかったのです。

というわけで、私は人種隔離法を犯したかどで有罪判決を受け、執行猶予になり、十ドルの罰金と四ドルの審判料を払うように命じられました。人びとはそれに対し憤りを見せました。しかし、組織的な抗議運動の計画はありませんでした。

裁判の後、私は家に帰らず、ダウンタウンに残りました。自分に何かやれることがあるか尋ねると、フレッド・グレイが私に、事務所に残って電話の応対をしてもらえると助かると言ったので、私はそうしました。

人びとが裁判のニュースを聞いたため、私が事務所に到着するや否や、電話が鳴りだしました。電話をかけてきた人には、電話に応答している私が、彼らの質問の対象となっている本人であることは言いませんでした。私はただ電話に出て、伝言を受けるだけにしました。フレッドが戻ってきたところで、ニクソン氏が私を家に連れて帰ってくれました。日が暮れてきており、私は、その晩のホルト・ストリート浸礼派教会での集会に出席する支度をしに、家に帰らなければなりませんでした。

キング牧師を会長に選出

その日、それに先立ち、当時二十九歳ぐらいだったアバナシー牧師は、他の牧師たち数人と会って、モンゴメリー向上協会（Montgomery Improvement Association〔MIA〕）を結成することを決めました。ニクソン氏も出席していました。フレッド・グレイもいました。まったく新しい組織を結成したのは、全国黒人向上協会（ＮＡＡＣＰ）のようにすでに確立した組織に活動を委ねるよりいいと思ったからです。

全国黒人向上協会はアラバマ州では比較的弱い団体で、大衆の組織ではありませんでした。会員数も少なく、会員を募るのもなかなか大変でした。また、私たちの力の証明であるこの抗議運動は、外からやってきた運動家に先導されたものだと後で権力者たちが告発できないように、同協会を除外することにしたのでした。いつも白人は、問題は何でも外からきた扇動家が引き起こしたものだと、言いたがりました。そして、モンゴメリーの黒人には自分の権利のために立ち上がるだけの勇気があることを、信じようとしませんでした。

牧師たちは、その午後集まり、モンゴメリー向上協会の会長を選出することにしました。そして、デクスター・アベニュー浸礼派教会の牧師であるマーチン・ルーサー・キング牧師を会長に選んだのでした。

私は当時キング牧師を知りませんでした。一九五五年八月に、全国黒人向上協会の集会に特別講演者として来た時に一度会ったことがありましたが、私はデクスター・アベニュー浸礼派教会にはあまり行きませんでした。この教会は、南部同盟の旗をなびかせた大きな白い市庁舎の建物から道を隔てた真向かいにありました。

キング牧師夫人のコレッタのことは知っていたということが後でわかりました。彼女のことをそれほどよく知っていたわけではなかったのですが、彼女の歌のコンサートに行ったことがありました。しかし、コレッタが牧師さんの夫人だったとは知りませんでした。

キング牧師はモンゴメリーでは新顔で、アバナシー牧師は彼を公民権運動に活発に参加させようとしていました。

ルーファス・ルイスは、デクスター・アベニュー浸礼派教会に行っており、キング牧師を高く評価していました。ルーファス・ルイスは会員制のナイトクラブを経営しており、そのクラブには正式に選挙登録した者しか出入りすることができませんでした。キング牧師をモンゴメリー向上協会の会長に推薦したのは、このルーファス・ルイスでした。

キング牧師を会長に選んだ利点は、同師がモンゴメリーにおいても公民権運動においても新顔で、強い味方も手強(てごわ)い敵も、どちらもいなかったことでした。ニクソン氏も、とてもいい選択だと思いました。のちに氏が、*Eyes on the Prize: America's Civil Rights Years 1954-1965*（栄光を求めて——一九五四年から六五年にかけてのアメリカの公民権運動史）の著者に、次のように語った通りです。

「キング牧師はとても知的な青年でした。彼はモンゴメリーには、市の長老たち〔白人〕が取り入るほど長くは住んでいませんでした。たいてい長老たちは、若い者が町にやってきたことを知ると〔中略〕、おだてて『いい教会に就いたね』と言ったものでした。そして、『牧師さん、〇〇浸礼派教会を代表するには、そのスーツはあまり見栄(みば)えがしませんね』と言って〔中略〕、牧師にスーツを買い与えたものでした。〔中略〕誰もがそういうことに警戒していなければなりませんでした」

雄弁なキング牧師のスピーチ

南部で影響力を持った黒人がとても保守的だったのは、こういった理由からでした。つまり、白人から何らかの恩恵を受けていたため、彼らの気を悪くさせないようにしていたのです。選挙登録運動をしていた時に、何度も何度もこういうことに遭遇しました。

黒人コミュニティーでかなりの著名人の中にも、選挙登録をしていない者が時どきいました。ラウンズ郡に、R・R・ピアスという校長を務めていた人がいたのですが、彼に選挙登録させることは、誰にもできませんでした。

その夜、人びとが参加するのを怖がらないように、黒人コミュニティーのど真ん中に位置するホルト・ストリート浸礼派教会で集会が行なわれました。どのくらい人が参加するか見当もつかず、来た人数をさばくだけの準備もしていませんでした。教会は人で溢れ、外にも数百人の人が立っていました。そのため、中で話し合われていることが外の人たちにも聞こえるように、スピーカーが設置されました。私が到着した時には、集会はすでに始まっていました。内にも外にも、人があまりにも沢山いたため、教会の中に入るのが一苦労でした。やっと演壇にたどり着き、席に座らせてもらいました。

集会の主な目的は、バスのボイコットを続行するかどうかを決めることでした。中には、自分たちが有利な立場にあるうちにやめるべきだ、と言う者もいました。週末まで後四日間あり、週末以降もボイコットを続けられると考えた者は、ほとんどいませんでした。続けたとしたら、それは危険なことでもありえました。白人が黙っていないことは、皆わかっていたからです。

ニクソン氏が最初に登壇したと記憶しています。たぶん氏は、人びとが長期間にわたるボイコットをあまり支持しないかもしれないことを懸念していたのでしょう。過去何年もの間、黒人を一緒に立ち上がらせるのが不可能だったことを覚えていたからです。彼は言いました。

「怖がっている人は、帽子とコートを持って家に帰ったほうがいい。このボイコットはかなり長びくことになるからです。皆さんに言っておきたいことがあります。私は過去何年もの間、生まれてきた子供たちには自分たちが味わったような屈辱を味わわせたくないという話をしてきました。しかし、私はここで考えを改めました。私自身も、そういう自由を味わいたいと思うようになったのです」

キング牧師が、新しく結成されたモンゴメリー向上協会の会長として聴衆に紹介されました。彼は雄弁で、彼のスピーチは聴衆を奮い立たせました。以下、そのスピーチの一部を記します。

「人びとが疲れる時というのが来るものです。今晩私たちは、これまで長い間私たちにひどい扱いをしてきた人たちに、自分たちが疲れていることを伝えるために、ここに集まりました。

人種差別され、侮辱されることに嫌気がさしていることを伝えるために、そして、差別のために足蹴にされることにうんざりしているということを伝えるために集まったのです〔中略〕。長年、私たちは驚くほどの忍耐力を見せてきました。時には、白人の兄弟(ブラザー)たちに、こういう扱いをされるのを望んでいるかのごとき印象を与えることさえありました。

私たちが今日ここに集まったのは、自由と正義より劣るものに耐えるための忍耐力から解放されるためなのです。民主主義の最高の至福の一つに、権利獲得のために抗議する権利があります。〔中略〕もしあなたたちが勇気をもって、それでいて尊厳とキリストの愛のもとに抗議したならば、未来の世代のために歴史の教科書が執筆される時、歴史家たちはここで筆を止め、次のように言うことでしょう。『偉大な人びとがいました。それは、黒人たちです。彼らは、文明の血管に新たな意義と尊厳という注射を打ち込んだのです』

これこそが、私たちの挑戦であり最大の責任なのです」(*Eyes on the Prize*)

全員賛成の起立投票

キング牧師は、聴衆から絶大な拍手喝采と「アーメン」という祝福を受けました。私が次に紹介されました。前もって何か話してほしいか聞いたところ、「あなたはすでに大変な経験をし、皆さんに言うべきことを十分訴えてきたので、話す必要はありません」との答えでした。ですから、私は何も話しませんでした。

他の人たちは話をしましたが、私には何か話したいという特別の欲求がありませんでした。むしろ、他の人たちの話を聞き、聴衆の熱気を感じるのを楽しんでいました。

その後で、アバナシー牧師が、モンゴメリー向上協会がバス会社と市の白人指導者たちに提出する要求項目を読み上げました。そこには、次の三項目が記されていました。

「(1) バス内でのより親切丁寧な扱い。(2) 白人を前のセクションに、そして黒人を後ろのセクションに分け、先着順に着席させること。(3) 黒人が乗る路線のバスに黒人運転手を雇用すること」

次にアバナシー牧師は、ボイコットを続行し要求を通すことに賛成の人は起立投票するよう聴衆に訴えました。最初は、一人、二人といった感じで立ち上がり始めたのですが、だんだん立ち上がる人が増え、最後には教会の中にいた全員が起立していました。外の人たちは「イエス！」と、声援を送っていました。

10 自由への行進

その週の木曜日、十二月八日、キング牧師とフレッド・グレイ弁護士は他の者たちと、モンゴメリー市の役人三名とバス会社の代表に会いに行き、三項目の要求を提出しました。

バス会社の代表たちは、運転手が黒人乗客に対して不親切だということを否定し、黒人の多い路線に黒人運転手を雇用するという要求に耳をかそうとしませんでした。また、先着順の着席方法は、市の人種隔離法に違反すると言いました。フレッド・グレイは、そういうことはないこと、そして同じバス会社がアラバマ州モービル市ではそういう方法をとっていることを告げました。しかし、彼らは考えを変えようとはしませんでした。

市当局も、どの要求にも応じようとはしませんでした。どんなに正当な要求であっても、一歩も譲ろうとしなかったのです。彼らは、どんな点でも黒人に対して妥協するのを嫌がっていたのです。

バス・ボイコットは、その週ずっと続きました。そして、翌週も続きました。いったいどのくらい続くのか、誰にも想像がつきませんでした。中には、そんなに続くわけがないと言う者がいましたが、そう言っているのは、私たちではなく、白人だったようです。白人は、ボイコットを阻止しようと、ありとあらゆることをしました。

警官たちが、バス停で黒人が経営するタクシーを待っている黒人のグループを攻撃し始めました。そして今度は、タクシーの運転手に、ダウンタウン行きのバス料金と同じ十セントを取る代わりに、通常の料金（確か、四十五セントだったと思います）を取らないと逮捕する、と脅しました。白人の一般市民も、ボイコットの妨げをしました。

ボイコットを支持した理由で、大勢が失業しました。パークスも私も、職を失いましたが、私たちは首になったわけではありませんでした。パークスは辞職したのでした。マックスウェル陸空軍基地で理髪店を経営する白人のアームストロング氏は、「私の店の中では、バス・ボイコット運動のことも、ローザ・パークスのことも口にしてはならない」という命令を下したのです。パークスは、自分の妻の名前を口にできないような職場ではどこであろうと絶対に働かない、と言っていました。

私は、一九五六年一月に、モンゴメリー・フェア百貨店を解職になりました。しかし、人事担当者からは、バス・ボイコットのせいだとは言われませんでした。私は、証拠もないことをとやかく想像するのは嫌いです。モンゴメリー・フェア百貨店で男性服の仕立部門をやっていた若い男性が、近くに自分の店を構えたのですが、ボーナスをもらうためにクリスマスまで百貨店に残っていて、一月の第一週から自分の店で専門に働くことになりました。というわけで、百貨店側が私を解職にした理由は、洋服の仕立人がいなくなったからということでした。

私は、もちろん、店の中心的な仕事である縫い仕事はできました。しかし、服の仮縫いをやるように言われたことはありませんでした。手伝いに来ていた若い男性は、仮縫いをまったくやったことがありませんでした。そこで百貨店は、この部門を閉じて、私に二週間分の給料とボーナスをくれました。そして、私は家に帰りました。

これは、考えようによってはありがたいことだったと思います。なぜなら、これでバスに乗らずにどうやって家と職場を往復したらいいか、考えなくてよくなったからです。それからは、家で縫い物の内職をしました。また、逮捕とボイコットのせいで、いろいろな所に顔を出すために、ずいぶん旅行に出るようになりました。そして、モンゴメリー向上協会（ＭＩＡ）の仕事もしました。

私は、モンゴメリー向上協会の理事を務め、必要なことは何でもしました。服や靴が必要な人たちに、そういうものを分配したりもしました。全国から服や靴が、沢山送られてきていました。失業していて服が買えない人が大勢いたので、こういうものを必要としていたのです。仕事を持っていた人たちは、職場へ徒歩通勤したため、何足も靴を履きつぶしてしまいました。私は、モンゴメリー向上協会の交通委員会の操車係として短期間働いたこともありました。

警官たちが、タクシーの運転手を通常料金を取らないことを理由に逮捕し始めた時、モンゴメリー向上協会は、ボランティアの運転手を募りました。ジョアン・ロビンソンは、その一人となりました。各教会で募金をし、ワゴン車を何台か買いました。これは、たいてい黒人が寄付したものですが、中には、ダー夫妻のように、白人の著名人で寄付をした人も何人かいました。私は、操車係として、足が必要な人たちから電話を受け、個人自家用車と教会のワゴン車の運転手に電話をし、人びとが待っているところに迎えに行けるかどうか調べるのを担当しました。

その後しばらくして、かなり洗練されたシステムが出来上がりました。個人自家用車の運転手が二十人いて、ワゴン車が十四台ありました。そして、乗車場所と乗り継ぎ場所が三十二カ所に設けられ、朝の五時半から夜の十二時半まで、定期的な車の送り迎えがなされました。こうして、毎日、約三万人の通勤者を送迎したのでした。

普段バスを利用していたほかの人たちはどうだったでしょう。まあ、何人くらいいたか数はわかりませんが、ずいぶん大勢の人が、雇い主に送り迎えをしてもらっていました。

白人の女性の中には、メイドなしではやっていけない人がいました。かなり大勢の白人女性が、家政婦や料理人たちを、毎日送迎していました。市長が彼女たちに、そのようにしてボイコットを助けないように訴えました。

市長は、ボイコットが成功しているのは、「白人女性がメイドを送り迎えしているからだ」と言いました。しかし、白人女性はそれをやめようとしませんでした。彼女たちは、「まあ、市長さんが家に来て、洗濯やアイロンがけをしたり、子供の面倒を見たり、家の掃除や炊事をやりたいと言うのであれば、やってもらっても結構です。しかし、私は自分のメイドを手放しません」と言っていました。

警官たちも、こういうことはすべてやめさせようとしました。些細な交通違反を見つけては、黒人の乗り合い運転手を逮捕したものでした。そして、メイドを雇っている白人に、脅迫電話をかけたり、差出人不明の手紙を送ったりしました。手紙には、たいてい次のように書かれていました。

「拝啓
以下、名前をリストしたとおり、黒人のメイドを送り迎えしている白人が、いまだに数人います。これは阻止しなければなりません。こういうことをしている人たちは、夜も昼も、皆さんからの電話をありがたく思うことでしょう。あの人たちが黒人を送迎することを、私たちがどう思っているのか、教えてあげようではありませんか」

バスは完全に運休

モンゴメリー向上協会は、人びとを激励し、新たに起こった問題やその対策について話し合うために、毎週月曜と木曜の夜に、定例集会を開きました。そして、一月がやってきました。

白人たちは、さらに怒りを増していました。クー・クラックス・クラン（ＫＫＫ）のモンゴメリー支部と白人市民評議会の会員数が急増した、ということを誰かが言っていたのを覚えています。Ｗ・Ａ・ゲイル市長でさえも、白人市民評議会の会員になり、それを堂々と公言しました。

一月下旬、市の役人三人が、モンゴメリー向上協会に属さない牧師三人と会合を持ちました。三人の牧師たちは、バスの前のセクションに白人用に十席、後ろに黒人用十席を設け、残りの席は先着順に座れるようにするというバスの着席計画に賛同しました。

　すると役人たちは、「モンゴメリー・アドバタイザー」紙に命令し、日曜の新聞にバス・ボイコット運動の終わりを告げる記事を大見出しで掲載させたのです。しかし、キング牧師とアバナシー牧師、そして他のモンゴメリー向上協会のリーダーたちは、このことを事前に耳にしました。

　そこで彼らは、土曜の夜、黒人コミュニティー中を、「あれは嘘だ」と言って回ったのでした。そして、日曜日に、牧師たちが信者たちに、「あの記事は本当ではない」と伝えました。知らせを受けていたので、月曜日にバスに乗った人はほとんどいませんでした。

　こうなるとゲイル市長は、これ以上ボイコット参加者たちとは交渉しないと発表しました。ただ私たちには、市長がそれほど交渉をしていたようには見えませんでした。市長は、運動の指導者たちを、「過激な黒人の集まり」と呼びました。その頃になると、本当にひどい暴力がふるわれるようになりました。

　一月下旬に、キング牧師の家が爆破されました。その二日後、ニクソン氏の家が爆破されました。私たちの家を爆撃しようとする者はいませんでしたが、脅迫電話をずいぶん受けました。電話では、「すべてお前のせいだ。お前なんか、殺されてしまえ」といったことを言うのです。こういう電話を受けるのは、本当に恐ろしいことでした。そして、母が出た電話がこういう類のものだった時は、本当に苛立ちを覚えました。

二月上旬、フレッド・グレイが、「バスの人種隔離は憲法違反である」と、連邦地方裁判所に起訴しました。

その頃までに私の上訴判決は、専門的な問題であるという理由で拒否されており、私の有罪判決が支持されていました。新たに訴訟を起こしたのは、私たちの闘いをよりしぶとくするための手立てでした。市当局とバス会社と市長は、バス運転手が親切でなかったということさえ認めようとしませんでした。

フレッド・グレイは、バスの人種隔離法それ自体に挑み、最高裁判所まで上訴することを望みました。クリフォード・ダーが支援を申し出ました。バスでひどい扱いを受けた女性五人の訴訟が起こされました。逮捕されたのは、この五人のうち、クローデット・コルビンと私の二人だけでした。逮捕されなかった三人の中には、クローデットの母親も含まれていました。

その間、バス・ボイコット運動は、バス会社に財政的な打撃を与えていました。毎日毎日、どのバスも、白人を一、二人乗せただけで通り過ぎていきました。そして、バスを走らせるのを完全にやめてしまいました。

ボイコット運動は、ダウンタウンの商店街にも打撃を与えており、「モンゴメリー実業家の会」を名乗る白人ビジネスマンのグループが、モンゴメリー向上協会との交渉を試みようとしましたが、その会合からは何も得るものがありませんでした。

ボイコットを禁じる法律

二月中旬頃に、ある白人弁護士のグループが、ボイコットを禁じる古い法律があるのを見つけました。そして、二月二十一日、大陪審の提案に基づき、キング牧師をはじめ、二十人以上の牧師やモンゴメリー向上協会のリーダーや市民、合わせて二十八名が起訴されました。私は、再び起訴されました。

私たちは全員、指紋を取られました。新聞社のカメラマンたちが、起訴のことを聞きつけ、私たちが指紋を取られるのを写真に収めました。私の指紋を取られる姿を写した写真が「ニューヨーク・タイムズ」紙の第一面に掲載されました。後年、人びとは、この写真が私の最初の逮捕の時のものだと思って使うようになりました。モンゴメリー向上協会が全員の保釈金を支払い、裁判が始まるまで、保釈の身となりました。私の夫が証言台に立つことになりました。私たちの家の向かいに住んでいた婦人も、証人になりました。彼女の夫は、一九五〇年八月、兵役を終えて帰ってきた翌日、撃ち殺されたのです。

彼の名前は、ヒリアード・ブルックスといいました。ダウンタウンに行くバスに乗ったところ、酔っ払って乱暴だったという罪を問われ、警官に撃ち殺されたのでした。彼が軍服を着ていたかどうかは知りません。しかし、白人は黒人の復員軍人が軍服を着るのを嫌っていたということは、よく知っています。

三月に裁判が始まり、キング牧師が最初に審判を受けました。あれは、三月十九日のことでした。裁判所に行くと、沢山の人たちが裁判所を取り巻いており、中に入ろうとしていました。しかし、自分の席がない限り、中には入れてもらえませんでした。

キング牧師の弁護のために証人が何人も来ていて、バスの状況について証言しました。夫を撃たれた近所の婦人は、バスを利用しているか聞かれました。彼女は「ノー」と答えました。なぜバスに乗るのをやめたのか尋ねると、彼女は、夫がバスで警官に撃たれて死んで以来、バスにはずっと乗っていない、と答えました。

証人たちには、皆それぞれ個人的な理由がありました。女性の一人が起立し、長い間話しました。彼女は、ずっと話をさせてもらえなかったので、気分を害して言いました。

「話そうと思えば、もっと話があるんですけどね」

皆、意見を言うのを遠慮していませんでした。

キング牧師は、有罪の判決を受けました。五百ドルの罰金、もしくは一年間の重労働の刑が科されました。しかし、どちらの必要もありませんでした。上告に成功したからです。実際に審判を受けたのは、キング牧師だけでした。しかし師は、モンゴメリー市当局の私たちの扱い方のせいで、当然のことながら、ボイコット続行を以前にもまして強く決意していました。そして、誰もがその気でした。春の間もずっと、私たちは、徒歩と車の乗り合いを続けました。

全国黒人向上協会全国大会に出席

その頃になると、報道のせいで、バス・ボイコット運動に対し、モンゴメリー以外に住む人びとも強い関心を示していました。私は、自分に起こったことについて、教会や学校や団体組織など、さまざまな場所で話をするように招かれました。講演料は受け取りませんでしたが、旅費をもらって、ワゴン車の資金や諸経費の捻出に役立てるなど、自分にできることは何でもしました。春の間は、講演をして回ってほとんどの時間を費やしました。パークスは、私の身の安全を心配していましたが、嫌な経験はまったくしませんでした。

私は、テネシー州モントイーグルのハイランダー民衆学校(フォークスクール)を創立したマイルス・ホートン氏の招待で、ニューヨークに初めて行きました。氏の夫人は亡くなったばかりでした。彼は、ニューヨーク市内の集会に一緒に出てほしいと私に頼みました。

私は、クエーカー教徒のシャーロットとスチュワート・メーカム夫妻のところに泊めてもらいました。夫妻の案内で、街中の観光を楽しみました。夫妻の息子が休暇から戻ると、マンハッタンのイーストサイド地区の南にあるヘンリー・ストリート・セツルメント〔貧しい人を助ける社会事業施設〕に部屋をとりました。私たちは、バス・ボイコット運動に関するいろいろな集会に出席しました。そして、スピーチするようずいぶんと望まれたものでした。私は、全国黒人向上協会モンゴメリー支部を代表し、協会の本部役員たちとも数回会いました。

その会合の一つとして、サンフランシスコで行なわれた全国黒人向上協会の全国大会に参加するため、ニューヨークを出発し、サンフランシスコに行ったのを覚えています。

家をかなり長いこと留守にしており、よく眠れなかったため、神経がぼろぼろになっていました。そんな中、サンフランシスコの新聞記者とのインタビューがありました。私は、この記者の質問に一生懸命答えるようにしたのですが、結局、彼が私に望んでいたようなことを言っていなかったのでしょう。彼は白人記者だったのですが、最初に彼が言ったことの一つが「私を睨(にら)まないでくれ」だったのを覚えています。

私は彼を直視していただけでした。私はそれで神経質になってしまいました。すると彼は、私を「厳密に分析して、何が私の動機になったのか調査する」ことを横柄(おうへい)に宣言しました。彼は、私に屈辱を味わわせようとしていたのですが、実際それをやってのけました。

私は、カップと受け皿を渡されました。記者が連れてきたカメラマンが、私がお茶を飲んでいる写真を撮るためだったのですが、その時、カップがカタカタ鳴っていたのを覚えています。私は震えていたのです。記者はとても嫌な感じでしたが、私はできるだけ礼儀正しくしていました。突然、私はもうそれ以上我慢できなくなり、ヒステリーを起こし、叫び始めてしまいました。私は、泣いていました。

記者は、ただその場を立ち去り、次の仕事に行ってしまいました。そして、誰も気にかけてもくれず、私はただそこに座って泣いていました。全国黒人向上協会会長のロイ・ウィルキンスが来て、何も言わずにソファに座って私のそばにいてくれたのを、私は決して忘れません。彼は、何も言いませんでしたが、私の肩に腕を回して、さすり始めました。そして、私の気を静めてくれました。

どうしてあのようにヒステリーを起こしたのかわかりません。オーザリン・ルーシーがアラバマ大学の人種差別をなくそうとしていた時、彼女も平静を保つのが大変だったという話を誰かが教えてくれました。彼女も感情を抑えきれず、わっと泣き出したそうです。彼女はいつもそうだったのか知りませんが、私は、あの時一回だけ、そういうことがありました。

私は、あまり人から注目を浴びることに慣れていませんでした。あの時一回だけの出来事をいつも引き合いに出されたことを気にしたこともありました。しかし、後で気づいたのですが、あの出来事こそが、大衆がモンゴメリーのバスを乗車拒否させるにいたった原動力だったのです。

憲法違反の判決下る

六月、三人の判事からなる特別連邦地方裁判所は、バスの人種隔離を訴えたわれわれの訴訟に対し、二対一で有利な判決を下しました。これに対しモンゴメリー市当局は、この判決をアメリカ合衆国最高裁に上訴しました。最高裁が判決を出すには、何カ月もかかることはわかっていました。

夏が来ました。私はモンゴメリーに戻っていました。私たちは、まだバスの乗車拒否を続けていました。

白人は、教会の車に保険を出さず、ボイコット運動をやめさせようとしました。どの教会も、ワゴン車を運行しており、車の両脇には教会の名前が書いてありました。保険なしでは、車を合法的に運行させることができません。新しい保険会社から保険をとる度に、契約が突然取り消されました。

しかし、キング牧師は、アトランタにいるT・P・アレクサンダーという名の黒人保険外交員に連絡を取りました。そして、T・P・アレクサンダーが、イギリスの大きな保険会社であるロンドンのロイズ社に、教会の車の保険契約を結ばせたのでした。

次に、ゲイル市長が、黒人が教会の車を街角で待つのを禁止する命令を通すために、裁判所に訴えました。市長は、黒人たちが大声で歌を歌い、他の人たちに迷惑をかけており、「公的不法妨害」であると言いました。彼は、裁判所にその旨命令書を発行させました。しかし、この命令書は、最高裁判所が私たちの訴えどおり、モンゴメリーのバスの人種隔離は憲法違反であるという判決を下したのとまったく同じ日に、発行されたのでした。

あれは、一九五六年十一月十三日のことでした。キング牧師は、このニュースを私たちに知らせるために、全体集会を招集しました。皆、大歓喜しました。しかし、モンゴメリー向上協会側は、人びとにバスに乗るようには言いませんでした。最高裁から、正式な命令書が届くには、後一カ月くらいかかったからです。私たちは、すべてが公式になるまで、バスには乗りませんでした。

その間、私は十二月に、ハイランダー民衆学校に数日間滞在するように招かれました。あれは、テネシー州クリントンで、黒人学生六人が学校の人種差別をなくそうとしていた頃でした。その学生たちは、白人ばかりの学校で、何の保護もなく、大変な圧力と危険にさらされていました。彼らはもう諦めようとしていたところだったようです。

そこで、ハイランダーの人たちが彼らをモントイーグルに招待し、諦めないで頑張るように彼らを激励できるかどうか、私に来てほしいと招いてくれたのでした。その時は、ニクソン氏が一緒に行ってくれ、私は学生たちに話をしました。名前を思いだせないのですが、小柄な男の子が一人いました。白人の少年たちがその子に襲いかかって押さえつけたので、ナイフを取りだしたところ、そのうちの一人の手首を切ってしまったとのこと。それで皆散っていなくなったと言っていました。それでも、その少年は学校に残りました。ハイランダーで過ごしたあと、学生たちはお正月明けに学校に戻ることに同意しました。

ハイランダーに行ったその時は、母を連れて行ったのですが、母も訪問を楽しんでいました。しかし、ハイランダーの人たちが、セプティマ・ポインセット・クラークのように、私も引っ越してきて仕事をしないかと言うと、母は「ノー」と言いました。「どこを見ても白人ばかりというようなところにはいたくない」とのことでした。ということで、その話はそれまでになってしまいました。いずれにしても、私は当時モンゴメリーを離れてどこかほかの土地に行くつもりはありませんでした。

それから何度か、ハイランダーに遊びに行ったことがありました。一度、ロバート・グレイツ牧師と一緒に行ったことがありました。彼は、ボイコットを支援したルター派の白人の牧師でした。彼の家が爆破されたという電話を受け、ハイランダーを去らなければならなかったのを覚えています。

一九五七年一月、彼の家がまた爆破されました。キング牧師の助手だったラルフ・アバナシー牧師の家も、ファースト浸礼派教会、ベル・ストリート浸礼派教会、ハッチンソン・ストリート浸礼派教会の教会三つと共に爆破されました。

同年、私は、ハイランダー民衆学校の二十五周年記念式典に、キング牧師と一緒に出席しました。

各地にひろがったボイコット運動

一方、モンゴメリーでは、十二月二十日に、アメリカ合衆国最高裁から命令書が届きました。そして翌日、私たちはバスの乗車を再開しました。

ボイコット運動は、一年以上続きました。キング牧師、アバナシー牧師、ニクソン氏、そして、ボイコットを支援した数少ない白人の一人であるグレン・スマイリー氏が、モンゴメリーで初めての人種差別のないバスに乗った時は、素晴らしい景観でした。

本の中には、私もその時一緒に乗っていたと書いているものがありますが、私は一緒ではありませんでした。私は、母の具合が悪かったので、家にいてバスに乗らないことにしていました。誰かが、「ルック」誌の記者三人に、私がどこに住んでいるか教えたに違いありません。記者たちが私の家にやってきて、私が母の朝食を作るか何か、母の世話をし終えるのを待ちました。それで、私は服を着替え、彼らと一緒に車でダウンタウンに行きました。そして、彼らは写真を撮るために、私にバスに乗ったり、降りたりさせたのでした。

私を逮捕させた運転手のジェームズ・ブレイクは、その時私が乗ったバスの中の一台の運転手でした。彼は、それを光栄などとは思いませんでしたし、私もそのバスに乗って、あまりうれしいなどとは思いませんでした。そのバスでなくてもまったくよかったわけですから、私は他のバス二台に乗り、カメラマンたちは思う存分写真を撮りました。そして、写真を撮る度に、記者が私の後ろの席に座りました。

ジェームズ・ブレイクは、事件について自分の気持ちを公表することはありませんでした。時どき、バス・ボイコット運動の記念日などといった時に、記者たちが彼にインタビューしようとしましたが、私の知る限りでは、すべて不成功に終わりました。

一九七〇年代に読んだことがあるのですが、ある記者が彼にインタビューしようとしたところ、夫人が、彼は病気で「あの面倒な事件」のことは話したがっていないと言ったと書いてありました。彼は、黒人に対する態度も、私たちの扱いに関する態度も、まったく変えなかったようです。多くの人は、態度を変えたがらないものです。だからこそ、私たちが何らかの保護が得られるように、少なくとも法律を変えることが重要だったのです。

モンゴメリーのバスの人種差別撤廃は、スムーズには行きませんでした。狙撃兵たちがバスに向かって発砲したり、市当局が午後五時以降のバスの運行をストップさせたりしました。つまり、朝九時から午後五時まで働いている人たちが、家に帰るのにバスに乗れないようにしたのでした。

白人のグループが、白人だけのバス路線を敷こうとしましたが、うまく行きませんでした。先ほども言った通り、牧師たち数人の家が爆破されました。しかし、最終的には、ほとんどの暴力は次第になくなりました。黒人たちは、ボイコット中にバスに乗らないことを恐れなかったように、バスに乗ることを恐れるようなこともありませんでした。

アラバマ州バーミンハムやフロリダ州タラハシーといった都市の黒人も、人種隔離されたバスのボイコット運動を開始しました。公民権運動に向けての直接的な活動が始まったのでした。

11　デトロイトへ

バス・ボイコット運動が終わってから、私はあまり長い間モンゴメリーに留まりませんでした。弟が、アラバマ州にいる私たちの安全のことをとても心配して、私たちが引っ越せるように取り計らってくれたのです。実際、私たちは嫌がらせを受け、不快な思いをしていました。

最高裁の判決が下ったあとでさえも、脅迫電話が鳴りつづけました。モンゴメリーの親しい友人、バーサ・バトラーが言っていたのですが、私の母は夜になると彼女に電話し、電話の回線がふさがっているようにするために、よく長電話していたそうです。そうすることによって、脅迫電話がしばらくかからないようにしたのでした。

一度、道を歩いていた時、ある白人男性が私に気づき、ひどいことを言ったことがありました。私の写真が以前新聞に載ったものですから、モンゴメリーで白人が経営していた店では普通の職を得るのは不可能でした。

私の弟は、第二次世界大戦後、デトロイトに引っ越しました。その後、アラバマに戻ることも、訪ねて来ることもありませんでした。弟が、私たちが落ち着けるようにすると言ってくれたので、一九五七年にデトロイトに引っ越しました。その頃までには、脅迫電話も嫌がらせもかなり静まっていましたが、デトロイトに引っ越したほうがきっと生活しやすいだろうと思ったのです。

私たちが引っ越す前日、モンゴメリーの友人たちが、私たちのためにちょっとした会を開き、引っ越し祝いに集めたお金をくれました。八百ドルくらいありました。あまりお金がなかったので、とてもありがたいと思いました。弟のシルベスターが、デトロイトのユークリッド・アベニューにあるアパートの二階に部屋を借りてくれ、夫と母と私はそこに引っ越しました。

私は、いろいろなところに顔を出すため、それまでどおり旅行をして回っていました。デトロイトに引っ越してから約一カ月後、マサチューセッツ州のボストンに行きました。そこで、バージニア州ハンプトンにある黒人大学、ハンプトン・インスティテュートの学長に会いました。

彼は私に、大学構内にあるレジデンス兼ゲストハウス、ホーリー・トゥリー宿舎（イン）の管理人の仕事をしないかと尋ねました。大学外からやってくる来賓や、寄宿している男女教職員たちの世話をするのが仕事でした。四人の女性が部屋の掃除で半日働いていたのですが、その人たちの監督も責任の一つでした。

私は、この仕事を受けることにしました。夫と母も職場が得られることを願っていたのですが、うまくいかず、二人はデトロイトに残りました。二人ともあまり体調がすぐれなかったのですが、それでも、パークスのほうはまだましで、私の不在中、理髪師の免許を取るために学校に通っていました。ミシガン州では、理髪師の仕事をするのに免許が必要だったのです。

パークスは、理髪学校で準講師と管理人の職を得ました。また、彼は生まれて初めて選挙登録をしました。私は寂しくて、家族と離れ離れになっているのがとても嫌でした。

キング牧師の非暴力主義

一九五八年の夏、マーチン・ルーサー・キング牧師がニューヨーク市内で刺された時、私はハンプトン・インスティテュートにいました。そのニュースを聞いた時、キング牧師の最初の著書 *Stride Toward Freedom*（自由への大いなる歩み）を読んでいたのを覚えています（この本には、私のためにキング牧師が個人的にサインをしてくれました）。精神が錯乱した女性が彼に歩み寄って刺した時、キング牧師はニューヨーク市内の書店でこの著書のサイン会をしていたのでした。

あれは、私にとってひどくショックな出来事でした。師は病院でかなり深刻な容態でした。私は、ヒステリー状態になり、泣きました。手術が成功し、キング牧師が無事とわかった時は、とても安心しました。

ああいうことを、一人で経験するのは大変でした。ハンプトン滞在中、私自身もあまり体調がすぐれませんでした。クリスマスの休みにデトロイトに戻った時、簡単な手術をするために医者に行きました。

ハンプトンでは、家族で一緒に住めるところがないか、夫が近くの黒人用理髪店で職を得られないか聞いて回ったのですが、どちらもだめでした。ホーリー・トゥリー宿舎の別館にアパートがあり、それを使いたいと頼んだのですが、その許可はもらえませんでした。はっきり理由を教えてくれなかったのですが、たぶん教員用に使いたかったのだと思います。

夫と母は、私がいなくてとても寂しがりました。また、私のほうも、一人でハンプトンにいて、夫と母のことを心配しつづけるのは、もう耐えられないと思いました。ハンプトンの人たちは、私が残ることを希望していました。私も去ることに対し複雑な心境でした。私は自分の仕事が好きでしたし、とても美しいキャンパスだったからです。しかし、私はデトロイトに戻るべきだと思いました。

デトロイトに戻ると、お針子をやっていた友達の家で働きました。その後、市街の西側にある小さな衣類工場に就職しました。そして一九六一年に、バージニア・パークにあるアパートの一階に引っ越しました。

私は、相変わらずあちこち旅行し、バス・ボイコット運動と公民権運動について講演して回っていました。公民権運動は、その頃までにかなり活発になっていました。キング牧師と他の牧師たちが、南部の他の分野での人種隔離と闘うために、南部キリスト教指導者会議（Southern Christian Leadership Conference〔SCLC〕）を結成したのでした。私は、同会議の大会に出席するために南部を訪れました。また、大行進や大きなデモがあった時も出かけて行きました。

南部キリスト教指導者会議が行なった、ある大会のことを覚えています。その大会は、人種隔離が最もひどい都市の一つであるアラバマ州バーミンハムで行なわれました。それは、白人が教会を爆破し、小さな黒人の女の子四人を殺した街でした。私は、聴衆の一人として舞台近くに座っていました。

キング牧師は、何かの告知をしつつ大会を閉会するところでした。その時、聴衆から白人の男が舞台に飛び乗り、キング牧師の顔をこぶしで殴り半回転させたのでした。この出来事は、皆をびっくり仰天させました。誰が反応するよりも早く、その男はまたキング牧師を殴りました。キング牧師は、殴られないように身を守ろうとしていたのですが、突然、その男のほうに向き直り、直面し、手を両脇に落としたのでした。その白人の男は驚いて、一瞬荘然としていました。その瞬間に、ワイアット・ティー・ウォーカー牧師と他の数人が、二人の間に入りました。

キング牧師が叫びました。

「その男に触るな！　彼のために、私たちは祈るべきだ」

そして、男に静かに語りかけました。男がゆっくりと舞台から降ろされて行く間も、キング牧師は男に語りかけつづけました。キング牧師の心配をするよりも、男を静めるほうに注意が集中していたように見えました。

私は舞台裏に行き、キング牧師にアスピリン二錠とコカ・コーラ（これは私の頭痛の治療法でした）を差し出しました。師は、氷を包んだハンカチを顔に当てていました。

その後、キング牧師は、男と話し合ったところ、彼はアメリカ・ナチ党員であることがわかった、と聴衆に伝えました。アメリカ・ナチ党は、大変人種偏見の強い組織でした。しかし、キング牧師は、その男を告発することを拒みました。これこそ、私たち多くの者にとって、キング牧師が非暴力主義を徹底的に信じていたことの証でした。その確信は、自分の身を攻撃から守る本能よりも強かったのです。

「我ら、打ち勝たん」

公民権法を連邦の法律として成立させるために行なわれた一九六三年の「ワシントンへの大行進」にも参加しました。女性はあまり大きな役割を持つことが許されず、大行進準備委員会は、コレッタ・スコット・キングをはじめ、他の男性指導者の夫人たちが夫と一緒に行進することを望みませんでした。その代わり、彼女たちのための別の行進がありました。

また、キング牧師がリンカーン大統領記念碑の前で有名な"I Have a Dream"(私には夢がある)と題したスピーチをした、あの大会のプログラムには、女性のスピーカーが一人も入っていませんでした。

しかし、「女性への賛辞」という催しがあり、そこでは、大行進の準備委員の一人、「寝台車係の兄弟連盟」の創立者のA・フィリップ・ランドルフが、闘いに貢献してきた女性を何人か紹介しました。私も、その中の一人でした。

ほかに、ジョセフィン・ベイカーがいました。美しいダンサー兼歌手の彼女は、一生のほとんどをヨーロッパで過ごしたのですが、アメリカにいる間に公民権のために立ち上がったのでした。彼女は、この行進のためだけに、パリから飛行機でやってきました。

マリアン・アンダーソンが、"He's Got the Whole World in His Hands"（主は全世界をその御手に）を歌いました。そして、マヘリア・ジャクソンが、"I Been 'Buked and I Been Scorned"（ののしられ、あざけられ）を歌いました。

歌を歌わなかった私たちは、話をしませんでしたが、リーナ・ホーンは例外だったのを覚えています。彼女は、紹介されると、立ち上がって、「自由！」と大声で宣言したのです。今日であれば、女性は、ああいう風に陰の存在にされていることに我慢していないことでしょうが、当時は、女性の権利運動は、まだ庶民に普及した運動にはなっていなかったのです。

その翌月、私は、バージニア州リッチモンドで行なわれた南部キリスト教指導者会議の第七回年次大会でスピーチをしました。他のスピーカーたちは、いろいろな都市で行なわれている公民権運動について報告しました。その頃までに、南部のそこかしこの都市で、黒人たちは人種隔離に反対する運動を組織し、抗議をしていました。

公民権運動は、大きな影響をもたらしていました。南部にいる多くの白人の心や考えを変えるまでには至りませんでしたが、ワシントンDCの政治家たちには影響力がありました。当時の大統領は、テキサスで生まれ育ったリンドン・B・ジョンソンで、一九六四年の公民権法を成立させた人でした。これは、南北戦争後の再建期以来、影響力が最も広範囲にわたった法案でした。

この法律は、黒人に選挙権と公共施設の使用権利を保障し、この法律に従わない者を連邦政府が罰することを規定するのが目的でした。この法案に署名し、正式に連邦の法律として成立させた時、ジョンソン大統領はこう言いました。

「我ら、打ち勝たん（ウイ・シャル・オーバーカム）」

これは私たちがモンゴメリーでバス・ボイコット運動をしていた頃、何度も歌い、その後の闘いでも、黒人と白人の公民権運動家たちが何度も口ずさんだ歌の歌詞からとったものでした。

一九六四年の公民権法は、すべての問題を解決したわけではありません。しかし、この法律は黒人に、保護と不当な扱いの矯正策を与えてくれました。ほかにもまだ勝ちとるべき権利が多く、公民権運動は続きました。

セルマからモンゴメリーへの大行進

一九六五年初頭、キング牧師と南部キリスト教指導者会議は、デモ行進の舞台に、黒人の選挙登録運動であまり成果を上げていなかったアラバマ州セルマを選びました。彼らは、わざと逮捕されることにより、刑務所をいっぱいにすることにしました。これは、地域の警官たちを大変怒らせました。

その年の二月初旬、セルマの郡保安官ジム・クラークと彼の部下が、ダウンタウンのデモの参加者たち百五十人を包囲しました。保安官たちは、彼らをまるで家畜の群れのように街から追いやりました。

道に沿って、電気牛追い棒を使って歩調を合わせさせ、早足で歩かせました。その模様がテレビでも放映され、公民権運動家たちを激怒させました。また、そのせいで、国中の白人からも公民権運動への支持を広く得ることができるようになりました。

人びとは、国中の各地から、セルマに向かいました。キング牧師は、セルマからモンゴメリーへの約五十マイルにわたる大行進を呼びかけ、その日を一九六五年三月七日に定めました。

南部キリスト教指導者会議は、行進の許可の申請をしました。そして、二つの都市を結ぶ高速八〇号線の二車線区域では、最高三百人が行進に参加できる許可をもらいました。セルマとモンゴメリー近くの四車線区域では、何人でも行進に参加できました。私は、モンゴメリーのダウンタウン近くの最終ラップで、行進に参加するように招かれました。

行進参加者たちは、日曜日にセルマのブラウン礼拝堂を出発したのですが、モンゴメリーのはずれまでの五十マイルを歩くのに、水曜日の夜までかかりました。行進は、大変よく計画準備されていました。高速八〇号線の四車線区域では、三千人近い人が参加していましたが、二車線区域では三百人ほどが参加していました。

行進の準備委員たちは、キャンプ用地と衣食を沢山用意しました。公民権問題と貧困者の窮状に人びとの注意を集中させるためにハンストをして有名になったコメディアンのディック・グレゴリーや、歌手のハリー・ベラフォンテといった人たちが、夜キャンプをしていた行進参加者を、余興で楽しませました。彼らは、セルマから全行程を行進したかどうかを示すために、人びとに違う色の上着を着るようにさえさせました。

木曜日は、市庁舎の建物に向けて歩く行進の最終日でした。その日、私も行進に参加しました。最終ラップには、かなり著名な人たちが参加していました。しかし、E・D・ニクソン氏は行進の中にいませんでした。氏は、行進をまったく支持しておらず、それほど気にもかけていませんでした。彼は道端に立っていました。私も、行進からはずされた時、一度、しばらくの間ニクソン氏と一緒に立っていました。

あの行進に参加したのは、妙な経験でした。私がアラバマ州を去ってからそれほど時がたっていないように感じていたのですが、その間に、若い活動家たちが沢山育っていたのです。

彼らは、私が誰か知らず、そのため私のことはまったく気にかけていませんでした。最終ラップを行進する人たちは、特定の色の上着や衣服を着用することになっていたのですが、私はそれに合った色の服を着ていませんでした。私は行進に参加するはずではなかったからと言って、行進からはずされました。

三、四回、別々の機会に、また行進からはずされました。私はサイドラインに立って、誰かが「ミセス・パークス、来て一緒に行進しましょう」と、通り過ぎる時に言ってくれるのを待ちました。私は、「行進していたのですが、はずされたのです」と言いました。すると、「じゃあ、これから私と一緒に行進しに行ってください」と言ってくれました。

私は、ディック・グレゴリーの夫人リリアンと、しばらくの間行進したのを覚えています。また、ゴスペル・シンガーのオデッタとも行進しました。しかし、どういうわけか、他の人たちのペースについて行けず、若い人たちが私を行進から押し出しました。しかし、私は何とかして行進に再び戻り、市庁舎までの八マイルを群衆をかき分け歩きつづけました。

ダウンタウンに到着すると、誰か私を行進の最前列に行かせた人がいました。私は、全国黒人向上協会会長のロイ・ウィルキンス、最初の黒人ノーベル賞受賞者ラルフ・バンチ、その他著名な人たちと一緒に写真を撮ってもらいました。しかしながら、行進からはずされたことが主な記憶として残っています。

その日のことで他に覚えていることは、市庁舎の建物に到着した時、嫌悪感をあらわにした白人が大勢、私たちに対し野次を飛ばしたり怒鳴ったりしていたことでした。私たちは、バスの人種差別はなくせたかもしれませんが、人種間に平和をもたらすためにモンゴメリーで成し遂げられなければならないことが、まだ沢山ありました。

バイオラ・ルッソーの死

私たちは、バイオラ・ルッソーが殺されたというニュースを耳にしました。彼女は、デトロイトからやってきたのですが、私は彼女のことを知りませんでした。

彼女は白人の主婦で、公民権運動に強く傾倒し、「セルマからモンゴメリーへの大行進」で、何か手伝えることがあるかと思い、アラバマ州まで車でわざわざやってきたのでした。彼女と若い黒人のボランティアは、行進参加者をセルマに送る手伝いをしようと、モンゴメリーに向かう途中、ラウンズ郡を車で抜けるところでした。その時、車いっぱいに乗ったクー・クラックス・クランのメンバーたちが、彼女の車に近よってきて、彼女を撃ったのでした。

そのニュースを知った前の晩、私は奇妙な夢を見ました。その夜、私はあまりよく眠れませんでした。時々、若い頃も不眠症に悩まされたことがあったのですが、その夜もなかなか眠りにつけずにいました。やっと眠りについた時、とてもおかしな夢を見たのです。

夫と私は、どこかの野原にいました。そこには、大きな看板が立っていました。私は、誰か拳銃を持っている人がいるのを見たので、夫に「パークス、急いで、どいてちょうだい。あの人たちがあなたを撃つかもしれないわ」と言おうとしていました。すると、私の知らない、ジーンズのつなぎを着た男が、看板の後ろから出てきました。私は看板の端のほうにいて、その男は反対側の端にいたのですが、拳銃を私のほうに真っ直ぐ向けました。と、その時、目が覚めました。目が覚めた時、テレビをつけました。そして、ルッソー夫人が撃たれたのを知ったのでした。

たぶん、あれは何か不吉な予感のようなものだったのでしょう。なぜなら、私は何かおかしいと感じていたのを覚えているからです。行進は終わったものの、すべてがうまくいったとは思いませんでした。彼女は、デトロイトの人だったのですが、どういうわけか、誰も、夜自分の車に黒人たちを乗せて行ったり来たりしてはいけないということを、彼女に警告しなかったのです。あれはとてもショックなことでした。しかし、当時の南部では、起こるべくして起きる人生の出来事の一つにすぎなかったのです。

私は、バイオラ・ルッソーの追悼式に出席し、そこで、彼女の夫と子供たちに会いました。

非暴力が成し遂げたもの

その年、一九六五年の八月に、ジョンソン大統領が選挙権に関する公民権法に署名し、正式に連邦の法律として成立させました。この法律は、選挙登録を地方の事務所で拒否された黒人は連邦検査官に登録してもらうことができるように規定していました。これでもう一つ、南部の黒人の助けになる法律が増えました。特にこれは、重要な法律でした。

これらの法律は、黒人とその白人支持者による非暴力抵抗から直接得られた成果でした。キング牧師は非暴力主義を固く信じていました。師は、インドのマハトマ・ガンディーがイギリス帝国からインドの人びとに独立をもたらすために用いた非暴力抵抗方式について、熟読していました。ガンディーは、「報復するな」と言いました。そして、キング牧師も「仕返しするな」と言いました。私は、黒人が人種隔離と闘ってあれほど数多くの勝利をおさめるためには、あの方法しかなかったと信じています。

自分が育った頃のことや、私たちがかかえていた多くの問題のことを考える時、私たちは、実際にリンチにされるようなことにかかわらなかったとはいえ、非暴力主義のことをまったく知らなかったことに気づきました。私たちはいつも、乱暴な口をきいたり、自分に何かしたら仕返しするぞと言ったりするのは、非暴力よりも効果的だと思っていました。私がとても幼い頃、祖母が言ったことについて前に話しましたが、自分の命を危険にさらしたとしても、私は、いじめられることをただ受け入れることができませんでした。

私は、自尊心を持つように育てられました。そのせいで、自分のために積極的に立ち上がるようにしてきました。夫が言っていたのですが、彼がアラバマ州東部の生まれ故郷の街にいた十代くらいのとても若かった頃、彼も非暴力主義についてまったく知らなかったそうです。夫も、自分を守ろうと思ったら、生意気な口をきかなければならないと思っていたとのことでした。

モンゴメリーの大多数の黒人たちも、同じように感じていました。個人のレベルで見た場合、非暴力は臆病と間違えられる可能性もありました。大衆による非暴力抵抗運動は、それまでにない概念で、論争の的になりました。中には、非暴力はより暴力を招く可能性があり、危険すぎると言う者もいました。それまでにアメリカでは、それをやった者は誰もいませんでした。

私は、インドのガンディーについて読んだことがありましたが、彼の哲学を私たち個人の抗議に適用したことはありませんでした。しかし、モンゴメリーの黒人が全員、非暴力抵抗運動を行なった時、そのやり方が成功するだろうと思いました。闘いが人種隔離に向けられていた当時、他の分野の抗議もうまくいくと思いました。

今日に至るまで、私は、すべての状況下で非暴力を完璧に支持するものではありません。しかし、一九五〇年代と一九六〇年代の公民権運動は、キング牧師と彼の非暴力主義への強い信念がなかったら成功しなかっただろうと、確信しています。

12　その後

一九六〇年、ジョン・ディングル下院議員の法務補佐官をしていた弁護士のジョン・コニアーズが、ミシガン州の第一下院議員選挙区から立候補しました。彼は私に立候補の承認を求めてきました。私は承認しました。彼の言っていることと、通過させようとしていた法案が気に入ったからです。

当選後、彼はデトロイトの事務所で私に働いてほしいと頼んできました。そして、「セルマからモンゴメリーへの大行進」を目前に控えた、一九六五年三月一日に、彼の事務所で働き始めました。以来、一九八八年九月三十日に退職するまで彼のもとで働きつづけました。私は、受付兼事務員として、ホームレスの人たちが住宅を探すのを助けるといった仕事をしました。

マルコムXとの対話

私がジョン・コニアーズのもとで働き始めたその年、マルコムXが射殺されました。デトロイトは黒人回教団（ブラック・モスレム）の本拠地となっており、同教団の第一寺院もあったのですが、私は、彼を知りませんでした。私たちがデトロイトに引っ越した頃には、マルコムXはニューヨークに住んでいて、大きな寺院の指導者をしていました。ブラック・モスレムは、白人を憎むことを説いていました。

私は、誰であっても人を憎むことには賛成できませんでした。しかし、モスレムたちは、刑務所の男たちを改宗させ、出獄後、清く正しい人生を送らせるのに大きな成果を上げていました。彼らは、黒人たちが自立し、自分の仕事を持ち、家族と強い絆（きずな）を持つことに真剣に取り組んでいました。

マルコムXは、刑務所でモスレムに改宗しました。彼は「デトロイト・レッド」のニックネームで知られた職業犯罪人でした。ブラック・モスレムになることにより、彼の人生は大きく変わりました。しかし、マルコムXは、サウジアラビアのメッカに行き、このイスラム教発生地で、他の土地のモスレムたちは人種偏見を持っておらず、白人に対する憎しみを説かないことを知り、ブラック・モスレムを離脱しました。一九六五年二月に撃たれた時は、憎悪を説かない新たな組織を結成中でした。

暗殺の一週間前にマルコムXに会いました。デトロイトにスピーチをしに来た際、私は一番前の席に座っていました。ニューヨークの彼の家が爆破され、衣類が全部、消火水と煙で破損してしまったのですが、それでも、約束していたのだからとデトロイトに来たのでした。

彼に話しに行くと、式次第のパンフレットにサインをしてくれました。彼は話し方と自己表現の仕方を変えていました。それ以前に、彼のスピーチを聞いたことがあったのですが、その時とは言っていることがまったく違っていました。彼の生い立ちとブラック・モスレムの指導者として尊敬されるようになるまでの大変な苦労を考えただけでも、彼に対し大きな畏敬の念を感じます。彼は大変聡明（そうめい）な人でした。ブラック・モスレムに属していた時でさえも、私は彼の考え方にまったく反対ではありませんでした。

マルコムXが暴力について話したのを覚えています。彼は、イエス・キリストが十字架上で言った次の言葉について話しました。

「父よ、彼らを許したまえ。彼らは自分たちのしていることがわからないのです」

キング牧師はよく、黒人たちは「愛をもって暴力を受けるべきだ」と言っていました。これこそ、私たちがなそうとしていた目的だったと思います。しかし、私は心の中で非暴力主義にそこまで迫ることができませんでした。キング牧師がとった手段のほうが、武器や弾薬を使わない報復の試みよりも、モンゴメリーの人びとにとって、得策だったということはわかっているのですが……。

マルコムも、非暴力主義の支持者ではありませんでした。彼は、キング牧師がよく「自分たちのしていることがわかっていない」人びとのことを話していたことに触れ、公民権のために闘った非暴力抵抗運動家を攻撃した人種差別主義の白人のことを、次のように言っていました。

「彼らは自分たちのしていることがわかっていないだけでなく、わからないことに熟達していたのだ」

キング牧師撃たれる

私がジョン・コニアーズ議員の事務所で働き始めてから三年後の一九六八年四月四日、キング牧師が射殺されました。私と母はラジオを聞いていたのを覚えています。

復活祭(イースター)間近のことでした。

四旬節(レント)の期間中〔キリスト教の復活祭前の日曜を除く四十日間〕には、よくキング牧師の説教が放送されました。しかし、キング牧師は、その日、テネシー州のメンフィスにいました。黒人のゴミ収集人たちを支持する行進に参加する約束をしていたのです。

ラジオには、キング牧師の代わりに他の人が出演していました。その人は、キング牧師を大変嫌っている牧師の一人でした。たぶん、キング牧師は人気があり、人びとが彼に惹(ひ)かれていたから嫌っていたのだと思います。母と私は一緒にラジオを聞きながら「まあ、キング牧師の敵が出てるわよ」と話していました。すると、放送の途中で、牧師のスピーチが中断され、キング牧師が撃たれたことが伝えられたのです。

その後すぐに、その銃弾は牧師の命を奪ったことがラジオで伝えられました。どういう理由か、私は、最初に牧師が刺された時ほど大きな衝撃は受けませんでした。彼が刺された時は、キング牧師を傷つけようとする者がいるということに対し、ひどいショックを受けたものでした。しかし、彼が暗殺される頃までには、キング牧師が傷つけられることを望む人たちがいることを認識するようになっていたのです。私は深く悲しみました。母と私は一緒に泣きました。

私はメンフィスに行く準備をしました。パークスがあまり旅行が好きではなかったため、私は当時、デトロイトの友人ルイーズ・タップスと一緒に旅行していました。私たちは、他の人たちと一緒に、キング牧師が参列することになっていた行進に参加するためにメンフィスに向かいました。

自動車労働者組合のリーダーをしていたルイーズの夫のシェルドン・タップス氏が、旅行の手配をしてくれました。また、キング牧師の葬儀に参列するのに、歌手のハリー・ベラフォンテが私を自家用飛行機でアトランタに連れて行ってくれました。ロバート・ケネディ上院議員とエセル夫人も葬儀に参列していました。私は葬儀前にキング夫人の家で二人に会いました。

それからちょっとしてから、私はキング牧師の夢を見ました。牧師は、大きな暖炉の煙突に上って行き、丸い形をした椅子に座っていました。彼は私のほうを向いており、ジーンズの仕事着を着ていました。そして、私に背を向けて、小柄な黒っぽい髪の毛をした若い白人の男性が、キング牧師に向かい合っていました。その夢のことはあまり考えないでいました。ところが、その後、六月に、ロバート・ケネディが暗殺されたのです。その時、私は夢のことを思い出しました。

私たちがいいと思った人たちは、誰も彼もいなくなってしまうように見えました。

一九七〇年代は、私の最愛の人たちが次々に亡くなった時期だったのを覚えています。夫と母と弟の全員が病気をしていました。一時期、三人の看護のために、三つの違う病院に毎日通っていたことがありました。そのため常勤で働くのをやめ、パートタイムで働かざるをえなくなりました。

一九七七年、五年間のガンとの闘いの末、パークスが七十四歳で亡くなりました。その三カ月後、弟のシルベスターが、やはりガンで亡くなりました。母もガンにかかっていました。夫が亡くなってから一年間、母を養護施設に入れなければなりませんでした。母の世話をしっかり見ながら、同時に働くことができなかったからです。それでも、毎日、週七日間、朝昼晩の三食ごとに母に会いに行きました。

一九七八年に高齢者用アパートに引っ越したあと、母を養護施設から引き取り、一九七九年に九十一歳で亡くなるまで、自宅で母の世話をしました。

あの頃は、私自身の健康もあまりすぐれませんでした。しかし、私は働きつづけました。自分でやりたいことはすべてできませんでしたが、できる限りのことをしました。

パークス自己開発教育センター

いつもしたいと思っていたことが一つありました。それは、若い人たちを助けるための組織のようなものを創設することでした。そして、一九八七年、「ローザ&レイモンド・パークス自己開発教育センター」を創立したのです。以後、そのための資金作りに必死に励んできました。

同教育センターが、若者が教育を受けつづけ、将来に対し希望が持てるよう手助けできるプログラムを提供するコミュニティー・センター的な環境になることを、心に描いています。これが、私がいつも心に強く抱いてきた目標です。

これは、夫がいつも話していた目標でもありました。なぜなら、彼は自分自身、若い頃に教育が受けられなかったからです。同教育センターを通し、援助を受けるに値する若者たちに奨学金を出したり、コミュニケーションや経済の技術を身につけ、政治的意識と健康に対する意識を高めるためのクラスを設けたいと思っています。

そうすることによって、若者たちが、自分の持っている最高の可能性に目覚められるように手助けし、世に貢献できる生産的な市民になれるように、市場価値の高い技術を提供することを望んでいます。彼らにも、私が自分の家族と教師から教えてもらったような、希望と威厳と自尊心を持ってほしいと思っています。

　イレイン・スティールは、同教育センターの共同創立者であり主任理事です。また、彼女は、私がいろいろな団体から講演を頼まれると、その手配をし、私と一緒に旅行をしてくれます。モンゴメリーのバス・ボイコット運動から三十年以上もたった今〔一九九〇年代初期〕でも、私は講演の依頼を沢山受けます。

　今までに私を表彰したり特別な行事に招待したりしてくれた市や町、そして団体のすべてを完璧に列挙するのは難しいことだろうと思います。きっと書き忘れてしまう市や団体があることでしょうし、軽視されたように誰にも思ってほしくありません。しかし、その中でも、すべての運動の発祥地であるアラバマ州モンゴメリーで受けた特別栄誉の二つについて、ちょっと触れたいと思います。

　一九五五年に私が逮捕された時のバスは、クリーブランド・アベニュー線を走っていました。そのため、今日では、このクリーブランド・アベニューは「ローザ・パークス・ブルバード（大通り）」と命名されています。

　一九八九年十一月には、モンゴメリーで記念碑が除幕されました。南部貧困法律センターによって建てられたこの碑（いしぶみ）の彫刻は、ワシントンＤＣのベトナム戦争慰霊碑を手掛けた建築家マヤ・リンのデザインによるものでした。彫刻壁の前に設置された黒いみかげ石の丸いテーブルには、公民権運動のために命を落とした男女四十名の名前が刻まれています。彫刻壁の下を流れる小さな滝が、キング牧師の次の言葉の上を薄い幕をなしながら流れています。

「正義が川の水のように流れ、公正さが力強くとうとうと流れ出すまで……」

私は、この大変重要な記念碑の除幕式に招待されたことを、とても名誉に思いました。

運命を変えた一九五五年

時が流れるにつれ、人びとは私を「公民権運動の母」「公民権運動の守護聖人」と呼び、公民権運動史の中の私の役割をますます大きくしました。また、数えきれないほどの名誉学位や表彰状を受けました。その一つ一つ、どれも本当に感謝し大切にしています。インタビュアーたちは、今でも、私がバスの席を譲るのを拒否したあの一九五五年の夕方の出来事について、尋ねたがります。組織団体も、いまだに、三十年以上も前〔一九五五年〕にとったあの行動に対し、私を表彰したいと言います。何らかの特別栄誉の受賞のために招待されたところに、私は喜んで行きます。私は、ある一つの象徴になっているということを自分でもわかっているからです。

しかし、私は「有名人」でいることには決して馴染めません。自分の健康の話があまり公になるのも、特に好きではありません。年をとったら健康が衰えるのはむしろ自然なことです。

最近は、私が入院すると、新聞がそれを報道します。一九八八年にバルティモアのジョンズ・ホプキンズ大学病院でペースメーカーを入れた時と、一九八九年二月に胸の動悸（どうき）に苦しんで入院した時に、それが報道されました。しかし、そのせいで、国中の人びとが私にカードや花やお見舞いを送ってくれたのです。あれはうれしく思いました。

一九五五年以降、私の人生は大きく変わりました。自分で思った以上に沢山旅行をしました。たぶん会うことがなかったであろう人たちとも大勢会いました。話をした人の中には、私が彼らの人生にいろいろな意味で大きな影響を与えたことを訴える人もいます。

今過去を振り返ってみると、アラバマ州モンゴメリーのバスに乗ったあの夕方から、私たちはいろいろな形で大変な進歩を遂げたことに気づきます。若い人たちは、脅されることなく選挙登録ができます。そして、不安に思うことなく投票ができます。「白人用」「黒人用」という標識のかかった水飲み場もありません。黒人市長のいる大都市もありますし、黒人市長や黒人の警察本部長のいる小さな町もあります。

トム・ブラッドリーは、アメリカの主要都市の最初の黒人市長に選ばれました。ダグラス・L・ワイルダーは、アメリカで最初の黒人州知事として、バージニアの州知事に選ばれました。そして、黒人男性のジェシー・ジャクソンが大統領候補として出馬し、予備選挙で白人票を集めようとは、三十年前だったら誰も信じなかったことでしょう。

人種隔離に反対する法律は全部通過され、それに伴う進歩はすべて成し遂げられました。しかし、多くの白人の心は変わっていません。キング牧師はよく、もし法律が変われば、人の心は変えられないかもしれないけれど私たちを守ってはくれる、と話していました。彼の言うとおりでした。私たちは今、ある程度守られてはいます。しかし、いまだに人種差別と人種偏見にもとづく暴力がかなり横行しています。

近年、反進歩主義的態度が復活してきています。職場での人種差別行為を証明するのがより難しくなるような最近の最高裁判決に対し、私はとても不安を覚えます。また、連邦政府が公民権法の違反行為を追及することにあまり興味を示していない様子にも、心悩ませています。そして、大学生を含む多くの若者が白人至上主義を支持するようになり、大学構内でも人種差別事件と人種偏見にもとづく暴力事件が起こっていることを、とても心配しています。まだ広くはびこってきていないとはいえ、それでも心配なことです。まだまだ先が長いという感じがします。

最近起きた事件で、時どき大変悲しい思いをすることがあります。とにかく、希望を持ちつづけようとしていますが、それは時に容易でないこともあります。

これまでの半生にわたって、私は愛と友愛について教えてきました。平等と愛について教えようと努力しつづけることのほうが、憎悪や偏見を持つことよりもいいことだとつくづく感じます。すべての人が平和に、調和し愛し合い、共に生きる……。これが私たちがめざす目標です。そして、もっと多くの人がこういう気持ちを持ったならば、皆よりよくなれると思います。

訳者あとがき——文庫本・電子書籍版発刊によせて

私がローザ・パークスさんと初めてお会いしたのは、一九九二年十二月のことでした。同年九月、私が勤務するアメリカ創価大学（当時、創価大学ロサンゼルス分校）では、地域に開かれたキャンパス創りの一環として『人権に関する講演会シリーズ』を開始しました。そして、その講演者の一人としてパークスさんをお迎えできることになりました。パークスさんのご訪問に先がけ、アシスタントのイレイン・スティールさんが大学の視察にお見えになりました。その際私に出版されたばかりのパークスさんの自伝をくださったのですが、私はその本を手にした瞬間「日本語にしなければならない」と、直感的に思いました。ただし、その時は、それが後々現実になろうとは思いもよりませんでした。

ご講演の翌月（九三年一月）、パークスさんはロス分校キャンパスを再訪され、創価大学創立者池田大作先生と会見されました。この歴史的な会見を終え、パークスさんは帰りの車中、同席していた私に会談の感想を和やかな笑顔で語ってくださいました。そして、池田先生がパークスさんのご家族や生い立ちについて質問されたことが話題になり、「色々とご質問いただくたびに、『私の自伝を読んでいただければわかりますが』と前置きしてお答えしましたが、自伝は英語で書かれているのが残念です」とおっしゃいました。そんな話をするうちに、「池田先生に読んでいただけるよう、日本語に訳しましょう」ということになりました。そして、私に「訳してくれますか」とのこと。私は即快諾させていただきました。

九四年五月、パークスさんは、生まれて初めて太平洋を渡り日本を訪れました。私も同行させていただいたのですが、その訪問に合わせてパークスさんの自伝邦訳が出版されるようにと、その冬、私は仕事の合間を縫って大急ぎで翻訳を終えたのでした。東京都内のホテルに到着直後、完成したばかりの『黒人の誇り・人間の誇り』（サイマル出版会刊行）を手にした時の感激。パークスさんと共に喜びあったのを昨日のことのように覚えています。（同邦訳書は、九九年九月、改訂版『ローザ・パークス自伝』として潮出版社より刊行されました。そして、今回、文庫本と電子書籍版として刊行される運びとなりました）

パークスさんは「まず第一に池田先生に献本しましょう」と、嬉々としておっしゃいました。翌々日に行われた創価大学の名誉学位授与式の記念講演でも同書について触れられていました。授与式の翌日、パークスさんと都内で再会された池田先生は、その二日前にお届けされていた自伝邦訳をすでに読んでいてくださり、出版を心から喜んでくださいました。パークスさんも、翻訳者である私も、先生に自伝を読んでいただき、大感激したことは言うまでもありません。九三年の初会見後の車中で話し合ったことが実現したのですから……。

池田先生はパークスさんの功績を最大限に讃えられ、「これからも、どんどん本を出してください」と激励されました。

それから二年後（一九九六年）、二冊目の著書の邦訳『勇気と希望』（高橋朋子訳／サイマル出版会刊行）が出版された際、パークスさんは、次のメッセージを添えて、池田先生に献本されました。

「東京でお会いした際、池田先生が『これからも、どんどん本を出してください』と真心で激励してくださった通り、こうして二冊目を書きました。今、三冊目を執筆中です。先生の激励のおかげです」

正に、国境や宗教を超えた、池田先生との友情のおかげで、「人権運動の母」の足跡が記録として残されてきたのです。九八年三月、パークスさんの三冊目の著書の邦訳『ローザ・パークスの青春対話』（高橋朋子訳／潮出版社刊行）が出版された際も、私は東京でのエピソードを真っ先に思い出していました。

九二年の出会い以来、私は、パークスさんと大変親しくさせていただきました。日本をはじめ、メキシコ、カナダ、そしてアメリカ各地へのご訪問にもたびたび同行させていただきました。ロサンゼルスにご滞在中は、気軽に宿泊先に遊びに行き、まるで自分の祖母に会いに行くような、ほのぼのとした気持ちを味わわせていただきました。

二〇〇五年十月下旬のある朝、通い慣れた通勤路を運転中にラジオの速報が流れました。前夜（二十四日）パークスさんが九十二歳で逝去されたとの悲報でした。言葉では言い尽くせない悲しみがこみ上げました。数々の思い出が走馬灯のように蘇りました。衝撃を受けつつ、その時目にした光景は今でも脳裏に焼きついて離れません。

パークスさんが逝いて十五年の月日が流れました。その間どれほどの進歩があったでしょうか。残念なことに、人種問題がなくなるどころか、パークスさんがあれほど望んでいた平和が遠のいてしまったかのように感じられる昨今です。

本年（二〇二〇年）の開幕と同時に、新型コロナウイルス感染症が世界を震撼させる中、アメリカ各地で警官の黒人への暴力が浮き彫りになりました。しかし、人々はそれに黙ってはおりませんでした。アメリカ全国でBlack Lives Matter運動の大きなうねりが起きました。同時に、人権運動への支持も世界中で増し、人権への意識が高まりました。

こうした世界情勢の中、パークスさんの自伝を文庫本や電子書籍としてさらに多くの読者にお届けできることは、大変に喜ばしいことです。特に若い世代の読者にも幅広く読んでいただけるようにと心を配り、刊行を手掛けてくださった潮出版社の皆さんに心より感謝申し上げる次第です。パークスさんもお喜びになられていることと確信いたしております。

高橋朋子

二〇二〇年十二月

ローザ・パークス略年譜

1913年	2月4日、アラバマ州タスキーギに生まれる（旧姓＝マッコーレー）。
18年	アラバマ州パインレベルの学校に入学。
24年	モンゴメリーの学校に通い始める。
29年	祖母の看護のため高校を中退。
32年	12月、アラバマ州パインレベルでレイモンド・パークスと結婚。
33年	高校卒業。
43年	12月、全国黒人向上協会（NAACP）の書記に就任。 選挙人名簿に登録しようと試みるが拒否される。 バスの後部から乗らなかったためにバスから降ろされる。
44年	選挙人名簿に登録しようと再度試みるが拒否される。
45年	選挙人名簿の登録が認められ、選挙証書を受ける。
49年	全国黒人向上協会の青年委員会顧問に就任。
55年	夏、テネシー州モントイーグルのハイランダー民衆学校における人種差別廃止に関する講習会に初参加。 8月、マーチン・ルーサー・キング牧師と出会う。 12月1日、モンゴメリーで白人乗客にバスの席を譲ることを拒否し逮捕される。 12月5日、裁判で有罪の判決を受ける。

モンゴメリー向上協会（ＭＩＡ）の会合に出席。
モンゴメリー・バス・ボイコット運動開始。

56年　1月、モンゴメリー・フェア百貨店の職を失う。
2月21日、バス乗車拒否運動がもとで再び起訴される。
11月13日、アメリカ合衆国最高裁が「公共の交通機関における差別は憲法違反」との判決を下す。
12月21日、バス・ボイコット運動終了。運動参加者たちがバス利用を再開。

57年　デトロイトに転居。

63年　「ワシントンへの大行進」に参加。
南部キリスト教指導者会議（ＳＣＬＣ）の大会でスピーチ。

65年　3月、「セルマからモンゴメリーへの大行進」に参加。
デトロイトの国会議員ジョン・コニヤーズのもとで働き始める。

77年　夫レイモンド・パークス逝去。

79年　母レオナ・マッコーレー逝去。

87年　「ローザ&レイモンド・パークス自己開発教育センター」を創立。

88年　9月、ジョン・コニヤーズ事務所を退職。

89年　11月、アラバマ州モンゴメリーの人権記念碑除幕式に参加。

92年　2月28日、スミソニアン博物館にてローザ・パークスの胸像が除幕される。

《著者プロフィール》

Rosa Parks（ローザ・パークス）

一九一三年アラバマ州生まれ。二〇〇五年十月逝去。一九五五年十二月モンゴメリーで白人乗客にバスの席を譲ることを拒否し逮捕され、これがきっかけとなりバス・ボイコット運動が展開された。五六年十一月アメリカ合衆国最高裁が「公共の交通機関における差別は憲法違反である」との判決を下した。五〇年代半ばの人種差別抗議運動の先駆者として、「アメリカ公民権運動の母」と呼ばれるようになった。八七年イレイン・スティールと共に「ローザ&レイモンド・パークス自己開発教育センター」を創立し、青少年教育に従事した。九六年に「自由のメダル大統領賞」、九九年に「米国議会ゴールドメダル賞」を受賞。表彰・名誉博士号など多数。著書に、『勇気と希望』（サイマル出版会）、『ローザ・パークスの青春対話』（潮出版社）がある。

《訳者プロフィール》

高橋朋子（たかはし・ともこ）

アメリカ創価大学副学長・大学院長・教授。埼玉県生まれ。一九七七年アルバータス・マグナス大学卒業。八四年コロンビア大学より応用言語学博士号取得。二〇〇六年アルバータス・マグナス大学より人文学名誉博士号受賞。一四年モナッシュ大学より翻訳学博士号取得。言語習得理論・異文化間コミュニケーション・翻訳論を専門とし、著訳書・論文・英語学習書等（日本語と英語）多数出版。代表作として、著書『アメリカ英語』『アメリカ生活英語』（いずれもサイマル出版会）、学習書『人間関係をつくる英会話』（コスモピア）、『相手と場面で使い分ける・英語表現ハンドブック』（アルク）、訳書『勇気と希望』（サイマル出版会）、『ローザ・パークスの青春対話』（潮出版社）、回顧録『サムライと綿・日本とアメリカ』（風詠社／ブックウェイ）などがある。

ローザ・パークスさん（左）と訳者の高橋朋子さん（右）
〈1998 年 8 月 8 日デトロイト近郊にて撮影〉

◎本書は『ローザ・パークス自伝』（一九九九年／小社刊）を加筆・修正の上、再編集したものです。
◎本書の時系列は単行本時のものです。
◎現代的な感覚では不適切と感じられる表現を使用している箇所がありますが、原著における著者の意向を尊重し、原文の表現をそのまま使用している箇所があることをご了承ください。

ローザ・パークス自伝　「人権運動の母」が歩んだ勇気と自由への道

潮文庫　ロ－1

2021年　5月3日　初版発行

著　者　ローザ・パークス
訳　者　高橋朋子
発行者　南　晋三
発行所　株式会社潮出版社
〒102-8110
東京都千代田区一番町6　一番町SQUARE
電　話　03-3230-0781（編集）
03-3230-0741（営業）
振替口座　00150-5-61090
印刷・製本　株式会社暁印刷
デザイン　多田和博

ISBN978-4-267-02282-1 C0198